Christiane Pröllochs

Gedächtnistraining für ältere Menschen

Christiane Pröllochs

Gedächtnistraining für ältere Menschen

Das große Praxisbuch mit umfassendem Übungsmaterial

Tectum Verlag

Die Kopiervorlagen finden Sie unter folgendem Link:
https://www.tectum-verlag.de/cms/

Christiane Pröllochs
Gedächtnistraining für ältere Menschen
Das große Praxisbuch mit umfassendem Übungsmaterial

ISBN: 978-3-8288-3360-9

Umschlagabbildungen: © contrastwerkstatt/© grki | fotolia.com
Umschlaggestaltung: Jens Vogelsang
Satz und Layout: Heike Amthor | Tectum Verlag
Gesamtverantwortung für Druck und Herstellung bei der
Nomos Verlagsgesellschaft mbH & Co. KG

Besuchen Sie uns im Internet
www.tectum-verlag.de

Bibliografische Informationen der Deutschen Nationalbibliothek
Die Deutsche Nationalbibliothek verzeichnet diese Publikation in der Deutschen Nationalbibliografie; detaillierte bibliografische Angaben sind im Internet über http://dnb.ddb.de abrufbar.

Inhalt

Einleitung

»Wer rastet, der rostet«, sagt ein altes Sprichwort. Viele ältere Menschen wollen aktiv etwas für ihre geistige Fitness tun. Mit Gedächtnistraining üben sie Erinnerungs- und Konzentrationsvermögen, Auffassungsgabe und Kreativität. Gemeinsam mit anderen in Gruppen durchgeführt, bringt es zusätzlich Spaß und soziale Kontakte.

Dieses Buch bietet Anleiterinnen[1] von Gedächtnistrainingsgruppen vollständige Stundenentwürfe. Zu verschiedenen Themen finden Sie zahlreiche Ideen für die Gestaltung von Gruppenstunden. Das Material ist so umfangreich, dass Sie damit mehrere Stunden zu jedem Thema füllen können. So gestalten Sie viele anregende, unterhaltsame Gedächtnistrainingsstunden, ohne großen Zeitaufwand in die Vorbereitung zu investieren.

In den einzelnen Kapiteln finden Sie in unterschiedlicher Gewichtung Geschichten, Anekdoten und Gedichte, Gesprächsimpulse und Diskussionsanregungen, Quizfragen und Knobelaufgaben, unterschiedliche Rätsel, Sprachspiele und Wortfindungsübungen, Konzentrationsaufgaben, Einprägebilder sowie Merk- und Lückentexte. Jedes Kapitel enthält Kopiervorlagen, die Sie direkt verwenden können. Die Übungen unterscheiden sich in ihrem Schwierigkeits-

1 Der leichteren Lesbarkeit halber verzichte ich auf die Nennung beider Geschlechter. Männer sind selbstverständlich gleichermaßen mit angesprochen.

grad, sodass auf unterschiedliche Zielgruppen eingegangen werden kann. Sie eignen sich auch für die Arbeit mit einzelnen Personen. Die Stundenentwürfe sind praxiserprobt.

Aus der Praxis für die Praxis

Gedächtnistraining gehört heutzutage in Einrichtungen der Altenhilfe zum regelmäßigen Angebot sozialer Begleitung. Es ist Teil von Beschäftigungsmaßnahmen der Betreuungskräfte nach § 87b SGB XI, wird als Zehn-Minuten-Aktivierung durchgeführt oder steht als fortlaufendes Gruppenangebot auf dem Veranstaltungsplan. Auch bei vielen ambulanten Diensten, Kirchengemeinden und Volkshochschulen gehört es zum Programm.

Im Altenpflegeheim Kirchweg des Vereins für Innere Mission in Bremen, wo ich im begleitenden sozialen Dienst tätig bin, biete ich seit vier Jahren Gedächtnistraining als wöchentliches Gruppenangebot an. Das Interesse daran ist so groß, dass zwei Gruppen notwendig sind, um allen Interessierten die Teilnahme zu ermöglichen. Diese Gedächtnistrainingsgruppen sind nur ein kleiner Teil meines Aufgabengebietes. So ist für mich wichtig, dass sich die Vorbereitung der Stunden zeitlich in Grenzen hält. Ich nutze daher selbst gern Bücher mit ausgearbeiteten Stundenvorschlägen. Allerdings fand ich zu manchen Themen, die ich in meinen Gruppen einbringen wollte, keine geeigneten Materialien, Übungen oder Kopiervorlagen. Außerdem benötige ich jede Woche ein neues Thema. Innerhalb eines Jahres möchte ich mich nicht wiederholen. Daher habe ich viele Stunden neu vorbereitet und zahlreiche Aufgabenblätter erstellt, die genau zu den einzelnen Themen passen. Dieses Material möchte ich nun Kolleginnen zur Verfügung stellen, die davon profitieren können.

Praxistipp

Zur Nutzung dieses Buches: Wenn Sie beabsichtigen, mehrere Stunden zu einem Thema direkt nacheinander durchzuführen, ist es zweckmäßig, das gesamte Material vorher zu sichten und so aufzuteilen, dass inhaltlich jede Stunde einen anderen Schwerpunkt hat und methodisch jeweils verschiedenartige Übungen vorkommen.

Beispiel: Beim Thema Türme beginnen Sie die erste Stunde mit der Geschichte »Hoch hinaus«, an die sich Gespräche über Erfahrungen mit Aussichtstürmen, Höhenangst und Bäumeklettern anschließen. Die zweite Stunde leiten Sie mit dem Merkbild »Türme« ein, das zu Gesprächen über berühmte Türme und hohe Gebäude in der Region anregt. In der dritten Stunde verwenden Sie die Geschichte des Turmbaus zu Babel als Einstieg, entweder als gemeinsame Erzählung oder als Merk- oder Lückentext, und es wird ein Kartenturm gebaut. Den Rest der Stunden füllen Sie jeweils mit Quizfragen und Aufgabenblättern.

Nicht nur für Gruppenleiterinnen

Im Entstehungsprozess dieses Buches hat sich gezeigt, dass es sich nicht nur als Materialsammlung für Gruppenleiterinnen eignet, sondern auch von älteren Menschen selbst direkt als Übungsbuch genutzt werden kann. Sie kopieren sich die Aufgabenblätter heraus, falls Sie sie mehrfach nutzen wollen, oder füllen sie direkt im Buch aus. Die Lösungen finden Sie im fortlaufenden Text des jeweiligen Kapitels. Die Geschichten zur Einstimmung können der persönlichen Unterhaltung dienen oder einander vorgelesen werden.

Das Buch ist über seine ursprüngliche Bestimmung hinaus ein Buch für Jung und Alt geworden, das den Austausch zwischen den Generationen fördern möchte. Schön wäre, wenn Großeltern und Enkel sich gemeinsam damit beschäftigten, miteinander rätselten und Freude daran hätten. Die Gesprächsimpulse geben Anregungen zum Austausch über die unterschiedliche Sicht auf die Welt und das Leben und regen zum Erzählen über früher an. Wer das Buch für sich allein verwendet, kann sie zum Reflektieren des eigenen Lebens oder als Anregung für biographisches Schreiben nutzen. Auch dies gilt nicht nur für Ältere.

Gedächtnistraining im Alltag

Älteren Menschen geht es beim Gedächtnistraining um den Erhalt ihrer kognitiven Fähigkeiten, um geistige Anregung, angemessene mentale Herausforderung oder auch um anspruchsvolle Unterhaltung. Im Alltag bieten sich dazu verschiedene Möglichkeiten, die sie intuitiv oder gezielt nutzen. Sie lesen die Tageszeitung, diskutieren Nachrichten oder aktuelle Ereignisse, lösen Sudokus, Kreuzwort- und andere Rätsel, besuchen Veranstaltungen und verfolgen ihre persönlichen Interessen. Menschen, die in solcher Weise aktiv und eigeninitiativ sind, nehmen oft gern an Gedächtnistrainingsgruppen teil und sind dankbar für Anregungen dazu, wie sie auch für sich allein ihre geistige Flexibilität trainieren können.

Praxistipp

Wenn Sie solche Menschen in Ihren Gruppen haben, geben Sie ihnen eine oder mehrere der folgenden Anregungen und sprechen Sie nach einiger Zeit mit ihnen über ihre Erfahrungen:

- Tun Sie etwas auf andere Weise als Sie es gewohnt sind. Unser Gehirn wird immer dann angeregt, wenn es mit etwas Neuem konfrontiert wird. Nehmen Sie die linke Hand, wo sie normalerweise die rechte nutzen. Setzen Sie sich bei Tisch auf die andere Seite. Gehen Sie einen anderen Weg als den gewohnten. Kaufen Sie eine andere Brotsorte als Ihre übliche oder nehmen Sie in der Cafeteria ein anderes Stück Kuchen als sonst. Bewahren Sie etwas auf, das Sie eigentlich wegwerfen würden, und trennen Sie sich von etwas, das Sie normalerweise aufheben. Schauen Sie sich einen Alltagsgegenstand, den Sie jeden Tag in die Hand nehmen, so an, als sähen Sie ihn zum ersten Mal. So können Sie sich geistig, aber auch psychisch, flexibel halten und tun etwas gegen Erstarrung durch Gewohnheit.
- Rechnen Sie im Kopf Ihren Kassenbon nach oder zählen Sie von 100 in Siebenerschritten rückwärts.

- ▹ Nehmen Sie sich die Zeitung vor und zählen Sie, wie oft ein bestimmtes Wort – zum Beispiel »und«, »auf« oder »wie« – auf einer Seite zu finden ist.
- ▹ Suchen Sie auf der Zeitungsseite alle Konsonantendopplungen – ll, nn, tt – und streichen Sie sie durch. So steigern Sie Ihre Konzentrationsfähigkeit. Wenn Sie die Aufgabe etwas schwieriger gestalten wollen, stellen Sie sich einen Küchenwecker auf drei Minuten und testen Sie, wie weit Sie in dieser Zeit kommen.

Gedächtnistraining in Gruppen

Es sind die Begegnungen mit Menschen, die das Leben bereichern und lebenswert machen.

Alexander von Humboldt

Beim Gedächtnistraining geht es mir in meinen Gruppen nicht um das Erreichen von messbaren Erfolgen. Es brauchen keine Leistungen erzielt zu werden, und es gibt keinen Konkurrenzdruck. Gedächtnistraining soll Freude bereiten, den Geist spielerisch anregen, das Selbstvertrauen und Selbstwertgefühl steigern und Menschen miteinander in anregenden Kontakt bringen. Die Teilnehmenden dürfen die Erfahrung machen, dass sie (noch) sehr viel können und wissen. Die Übungen enthalten immer sowohl leichtere als auch schwierigere Teile, sodass alle Teilnehmenden ein Erfolgserlebnis haben können. Die Themen sind so gewählt, dass sie an biographische Erfahrungen anknüpfen und zu Gesprächen einladen, in denen die Menschen aus ihrem Leben erzählen können. Diese Erzählrunde nimmt einen gewichtigen Teil der Gruppenstunden ein. Oft ist es eine Bereicherung für die Teilnehmenden, sich mit anderen Menschen austauschen zu können, die ähnliche Erfahrungen gemacht haben. Auf diese Weise fördert Gedächtnistraining nicht nur das Langzeitgedächtnis, sondern es unterstützt zusätzlich die eigene aktive Biographiearbeit: Durch das Erzählen von Erinnerungen entsteht ein roter Faden, der auch Brüche und Schweres in den Gesamtzusammenhang des Lebens einbindet, und so zu einem versöhnlichen Blick auf die eigene Vergangenheit führen kann. Auch wenn die Erinnerungen schmerzlich sind, gehören sie zum Leben des Menschen. Sie haben es geprägt; und oft haben die Personen aus den Trümmern ihrer Geschichte ein lebenswertes Leben aufgebaut. All das Erlebte erfährt Würdigung, indem es erzählt und gehört wird. Manchmal entstehen sehr innige und intensive Gespräche, in denen Mitgefühl und Anteilnahme an einer Lebensgeschichte spürbar werden. Manchmal fließen in solchen Augenblicken Tränen der Rührung.

Oft aber wird auch gelacht und die Geschichten aus Kindertagen oder Erlebnisse aus dem Nähkästchen rufen neue Anekdoten hervor. So bringen diese Treffen neben dem geistigen Training auch Leichtigkeit und Lebensfreude in den Alltag der Menschen. Sie schaffen Verbindungen, und manchmal entstehen daraus Freundschaften. Dieser Zugewinn an Lebensqualität ist das eigentliche Ziel meiner Arbeit, von der Gedächtnistraining ein Teil ist.

Gedächtnistraining mit Einzelnen

Nicht allen Menschen ist es im Alter möglich, an Gruppen teilzunehmen. Manche sind bettlägerig, andere haben ihr Leben lang zurückgezogen gelebt oder fühlen sich in Gruppen nicht wohl. Für sie ist es besonders wichtig, auch weiterhin geistige Anregung zu bekommen und soziale Kontakte zu behalten. Auch mit ihnen kann Gedächtnistraining eine schöne Möglichkeit sein, ins Gespräch zu kommen, Abwechslung in den Alltag zu bringen und Beschäftigung anzubieten. Die Gesprächsimpulse können auch mit einzelnen Personen im Zweierkontakt zu biographischen Gesprächen führen. Bei der Arbeit mit Einzelnen ist es noch leichter, die Themen und Aufgaben den Fähigkeiten, Bedürfnissen und Vorlieben entsprechend individuell auszuwählen.

Gedächtnistraining und Demenz

Demenzerkrankungen können durch Gedächtnistraining nicht verhindert werden; das wurde in wissenschaftlichen Studien nachgewiesen. Auch Menschen, die ihr Leben lang geistig äußerst aktiv und rege waren, können an Demenz erkranken, wie bei prominenten Persönlichkeiten unlängst zu sehen war. Gedächtnistraining ist also weder Prophylaxe noch Heilmittel gegen Demenz. Dennoch kann es in den frühen und mittleren Stadien der Erkrankung eine äußerst positive Wirkung für die Menschen haben. An Demenz zu erkranken bedeutet nicht, schlagartig alle kognitiven Fähigkeiten zu verlieren. Im Gegenteil können viele Kompetenzen über lange Zeit erhalten bleiben. Beim Gedächtnistraining ist die Person selbstverständlicher Teil der Gruppe und kann sich nach ihren Möglichkeiten wie alle anderen auch in die Gespräche einbringen. Sie wird zu geistiger Aktivität angeregt und erlebt dabei, was sie noch alles kann. Dies steigert das Selbstwertgefühl und lenkt die Aufmerksamkeit auf die Bereiche, die noch gut funktionieren. In meiner Arbeit mache ich gute Erfahrungen damit, das Thema Demenz nicht zu tabuisieren. Ich spreche es – im Einzelgespräch – offen an, wenn Bewohnerinnen von ihrer Vergesslichkeit, Verwirrung oder nachlassenden Konzentrationsfähigkeit erzählen. Vor allem versuche ich nie, ihnen ihr Erleben auszureden oder es zu bagatellisieren. Das wäre in meinen Augen ein falscher Trost, der sie mit ihren Sorgen allein zurückließe. Wird die schwächer werdende geistige Kraft in den Zusammenhang mit Demenz gestellt, so finden die Menschen eine Erklärung für ihr Erleben. Auch können sie auf diese Weise sachlich und konkret über die Krankheit aufgeklärt werden, was Ängste mildern kann. Menschen, die von einer Demenzerkrankung betroffen sind, dürfen wissen, dass sie auch mit Demenz dazugehören und Teil der Gemeinschaft bleiben.

Förderliche Rahmenbedingungen

Für die Durchführung von Gedächtnistraining in Gruppen gibt es einige hilfreiche Rahmenbedingungen:

▹ Regelmäßigkeit

Wird Gedächtnistraining regelmäßig an einem bestimmten Wochentag angeboten, so ermöglicht dies den Teilnehmenden, sich innerlich darauf einzustellen. Es gehört dann in den regelmäßigen Wochenablauf und ist Teil eines strukturierten Alltags. Auch die Elemente des Gedächtnistrainings wiederholen sich mit Variationen und werden so zu etwas Vertrautem.

Durch die Regelmäßigkeit bildet sich eine feste Gruppe, die sich immer wieder gemeinsam trifft. Zusammengehörigkeitsgefühl und gegenseitiges Vertrauen können dadurch wachsen.

▹ Gruppengröße und Teilnehmende

Bei der Gruppengröße gibt es eine weite Spannbreite, in der Gedächtnistraining möglich ist.

Es sollte auf jeden Fall gewährleistet sein, dass ein gemeinsames Gespräch entstehen kann, an dem sich jede beteiligen kann. Die Gespräche werden mitunter persönlicher und intensiver, wenn wenige Menschen daran beteiligt sind. Sechs bis acht Personen ist eine mir persönlich sehr angenehme Gruppengröße. Wenn möglich, sollten es nicht mehr als zwölf Personen sein, da es sonst schwierig wird, alle Teilnehmenden in den Gesprächen zu Wort kommen zu lassen. Doch auch hier ist die Grenze nicht genau festgelegt.

Ein zentrales Moment in den Gedächtnistrainingsstunden ist, dass die Teilnehmenden sich nicht über- aber auch nicht unterfordert fühlen. In homogenen Gruppen mit Menschen, die alle einen ähnlichen Stand der geistigen Leistungskraft haben, ist dies relativ einfach zu realisieren. Anspruchsvoller ist diese Aufgabe in gemischten Gruppen, in denen Menschen mit Demenzerkrankung und Personen, die nicht an solchen

Krankheiten leiden, zusammen sind. Doch auch größere Unterschiede im Bildungshintergrund können den gleichen Effekt haben.

Dann braucht es etwas Geschick und Einfühlungsvermögen. Wichtig ist es, als Gruppenleiterin zu allen Teilnehmenden eine Beziehung zu haben, die von Wertschätzung geprägt ist. Kennt die Gruppenleiterin die einzelnen Teilnehmenden, lernt sie mit der Zeit einzuschätzen, welche Aufgaben von welchen Personen gelöst werden können, und sie erspart denen, die dazu nicht in der Lage sind, die Beschämung, indem sie für sie die Aufgaben abwandelt oder ihnen eine Pause genehmigt. Zu einer meiner Gruppen gehörte z. B. eine Frau mit Demenz, die nie ihre Brille dabei hatte, was den Vorteil mit sich brachte, dass sie sich aus diesem Grund an schriftlichen Aufgaben nicht beteiligen konnte. Hierzu wäre sie aber auch deshalb nicht in der Lage gewesen, weil sie nie richtig schreiben gelernt hatte.

▹ Raumgestaltung und Sitzordnung

Das Gedächtnistraining findet möglichst immer im gleichen Raum statt. Die Teilnehmenden sitzen um einen großen Tisch herum, sodass sich alle gut sehen können. Da viele ältere Menschen an Schwerhörigkeit leiden, hat dies den Vorteil, dass sie sich so besser verstehen. Einen Tisch vor sich zu haben, hat vor allem pragmatische Zwecke. Die Aufgabenblätter werden darauf gelöst. Gläser mit Getränken, Dekorationen und Materialien können abgestellt werden. Andererseits kann ein Tisch aber auch eine Art Schutz darstellen. Man wird von den anderen nicht wie in einem Stuhlkreis von oben bis unten gesehen und der Raum vor einem ist begrenzt.

Praxistipp

Bieten Sie den Teilnehmenden in jeder Stunde Wasser zu trinken an und trinken auch Sie selbst während der Stunden. Das Gehirn ist eines der ersten Organe, das auf Wassermangel reagiert. Für eine gute geistige Verfassung ist es unerlässlich, genug zu trinken, was älteren Menschen oft nicht leicht fällt. Ermuntern Sie auch während der Stunde zum Trinken.

Anforderungen an die Gruppenleitung

Es muss von Herzen kommen, was auf Herzen wirken soll.
Johann Wolfgang von Goethe

Es gibt keine formalen Zugangsvoraussetzungen, um Gedächtnistraining in der hier beschriebenen Form anzubieten. Das Wichtigste ist meines Erachtens die Freude an der Arbeit mit älteren Menschen und ein wohlwollender, wertschätzender Kontakt mit ihnen. Sie sollten darüber hinaus Grundkenntnisse über Denkprozesse und Gedächtnis sowie über Demenzerkrankungen und deren Auswirkungen haben.

Erfahrung in der Leitung von Gruppen ist in jedem Falle hilfreich. Auch sollten Sie Kommunikationsmodelle kennen, die ihnen helfen, Gesprächssituationen in der Gruppe einzuschätzen und zu moderieren. Eine therapeutische, beraterische oder seelsorgerliche Weiterbildung kann helfen, mit emotionalen Gesprächssituationen umzugehen. Es kann passieren, dass durch die Gespräche starke Gefühle ausgelöst werden, weil plötzlich Erinnerungen wach gerufen werden, die mit Verlusten oder Trauer verbunden sind. Die Generationen, mit denen wir heute arbeiten, haben den Zweiten Weltkrieg miterlebt, vielfach verbunden mit Flucht und Vertreibung. Meiner Erfahrung nach spielen diese Ereignisse fast in alle Lebensbereiche hinein, und es vergeht kaum eine Stunde Gedächtnistraining, in der nicht von Kriegserlebnissen oder -auswirkungen erzählt wird. Will man Gedächtnistraining nicht rein technisch im Sinne von Übungen durchführen, sondern auch dem persönlichen Erleben und Ausdruck Raum geben, so ist es notwendig, Emotionen, die ausgelöst werden, auffangen zu können. Trauen Sie sich das als Gruppenleiterin nicht zu, sollten Sie bei biographischen Gesprächen nicht zu sehr in die Tiefe gehen, und sie eher formalisieren und straff führen.

Als Gruppenleiterin ist es besonders wichtig, eine positive Haltung sich selbst gegenüber zu haben. Setzen Sie sich nicht unter Leistungsdruck, denn das spüren die Teilnehmenden. Schön ist, wenn sich Ihre eigene Neugier auf das, was sich in der Stunde ereignen wird, auf die Teilnehmenden überträgt. Eine Teilnehmerin sagte einmal: »Man spürt, dass Ihnen das mit uns Spaß macht, darum macht es uns auch Spaß.«

Nach einiger Zeit der Anleitung werden Sie die Sicherheit haben, dem Gruppenprozess zu folgen und auf das einzugehen, was die Teilnehmenden einbringen. Sie brauchen dann keinen genauen Ablaufplan, sondern wählen die Übungen nach dem natürlichen Rhythmus, den die Stunde entwickelt.

Praxistipp

Überfrachten Sie die einzelnen Stunden nicht. Oft genügen schon wenige Impulse und Übungen, um eine für die Teilnehmenden gewinnbringende Stunde zu gestalten. Nehmen Sie zur Sicherheit ein bis zwei kopierte Aufgabenblätter mehr mit, als Sie für die Stunde planen. So können Sie flexibel darauf reagieren, was in der Gruppe in den Vordergrund tritt, und Sie haben ein Ass im Ärmel, das Sie bei Bedarf hervor holen können.

Themenwahl für die einzelnen Stunden

Jede Gruppenstunde hat ein eigenes Thema, das in den einzelnen Übungen aufgegriffen und von verschiedenen Seiten beleuchtet wird. Durch die Fokussierung auf ein Thema wird ein gemeinsamer inhaltlicher Rahmen für alle Teilnehmenden gegeben und die Möglichkeit zu Gesprächen geschaffen. Aufgabe der Gruppenleiterin ist es, das Thema im Blick zu behalten und dafür zu sorgen, dass es immer wieder zum Mittelpunkt der gemeinsamen Stunde wird, damit die Teilnehmenden sich daran orientieren können.

Die Themen werden nach Jahreszeiten und aktuellen Bezügen gewählt. Selbstverständlich wird man eine Gruppenstunde zum Thema Weihnachten nicht im Sommer anbieten. Bei anderen Themen ist man recht frei in der Wahl des Zeitpunkts. Es gibt allerdings oft erstaunlich viele Bezugspunkte, an die ein Thema angeknüpft werden kann. So kann das Thema »Hochzeit« sowohl im Februar um den Valentinstag herum platziert werden als auch im »Wonnemonat Mai«, den früher viele Menschen als Hochzeitsmonat wählten. Genauso passt es, wenn eine prominente Hochzeit im öffentlichen Interesse steht, oder wenn die Teilnehmenden wissen, dass die Heimleiterin kürzlich geheiratet hat.

Auch regionale Bezüge bieten gute Gesprächsanlässe in den Gruppenstunden. Beim Thema »Tiere« beispielsweise kann ein Zoo oder Tiergehege in der Nähe thematisiert werden, beim Thema »Türme« die nächstgelegenen hohen Bauwerke. Hier eignen sich besonders aktuelle Zeitungsmeldungen, die als Einstieg vorgelesen werden können.

Praxistipp

Fragen Sie die Teilnehmenden ab und zu danach, welches Thema sie in nächster Zeit interessieren würde. Es ist als Gruppenleiterin gar nicht immer so leicht, sich jedes Mal ein Thema zu überlegen. Beziehen Sie die Teilnehmenden mit ein. Zum Jahreswechsel frage ich die Teilnehmenden meiner Gruppe immer danach, an welche Themen oder Aufgaben sie sich aus dem vergangenen Jahr erinnern und ob es eine Stunde gab, die ihnen besonders gefallen hat.

Dekoration

Zu den meisten Themen bietet sich eine bestimmte Tischdekoration an. Sie stimmt auf das Thema ein, weckt erste Assoziationen, macht neugierig und öffnet das Interesse für das, was nun kommt. Während der Stunde bietet die Dekoration zwischendurch oft Gesprächsimpulse. Der Fantasie der Gruppenleiterin sind hier keine Grenzen gesetzt. Gut geeignet sind Bilder jeder Art, Gegenstände, die mit dem Thema zu tun haben, oder die es symbolisieren. Ideen dazu erhalten Sie am Anfang jedes Kapitels.

Praxistipp

Legen Sie sich Ihre persönlichen Sammlungen an, die Ihnen jederzeit schnellen Zugriff auf verschiedene Dekorationsartikel erlauben. Dazu eignen sich Schuhkartons oder schöne Schachteln, in denen Sie die Dinge sortieren. Bevor Sie einen Gebrauchsgegenstand wegwerfen, überprüfen Sie kurz, ob er in eine der Kategorien passt, oder legen Sie auch eine neue Sammlung an, wenn Sie eine Idee dazu haben. Sie haben es dann zu den Gruppenstunden leicht, ein paar Dinge mitzubringen, die sie aus den Sammlungen nehmen. Ich habe beispielsweise Schachteln mit den Aufschriften »Strandfunde«, »Parfümflakons«, »Figuren«, »Schatzkiste«, »Krimskrams«, »Spielsachen«, »Nähkästchen« und andere mehr. Es kann Vergnügen bereiten, plötzlich zur Sammlerin zu werden und die Behältnisse nach und nach zu füllen – insbesondere, wenn Sie ein gutes Ordnungssystem dafür haben.

Begrüßung

Die Begrüßung ist wichtig, weil sie ein wesentliches Element der Kontakt- und Beziehungsgestaltung darstellt. Indem ich jede Person beim Ankommen persönlich begrüße, nehme ich sie in ihrer Befindlichkeit wahr, und ich signalisiere ihr, dass sie als Person gemeint ist und gesehen wird. Am Anfang der Gruppenstunde steht dann die Begrüßung der gesamten Runde als Auftakt, der den Beginn anzeigt. Neue Teilnehmende stelle ich der Gruppe vor und heiße sie willkommen. Die anderen werden auf die Person aufmerksam, manchmal gibt es Fragen an sie, oder es wird spontan festgestellt, dass man sich irgendwoher kennt. Auf diese Weise finden die neuen Teilnehmenden leichter in die Gruppe und können hier Kontakte zu denen knüpfen, die ihnen besonders sympathisch sind.

Einstimmung

Am Anfang der Gruppenstunde steht eine kurze Einführung in das Thema. Die Tischdekoration bietet dafür oft einen guten Auftakt. Die Teilnehmenden können gefragt werden, worum es wohl heute geht, wenn sie betrachten, was vor ihnen ausgebreitet liegt. Die Gruppenleiterin kann auch mitteilen, was für sie der Anlass war, dieses Thema zu wählen. Manchmal gibt es auch einen Bezug zur Stunde vorher, in der möglicherweise etwas angesprochen wurde, das nun aufgegriffen wird. Die Teilnehmenden sind so von Anfang an aktiv an der Gestaltung der Stunde beteiligt. In diesem Buch gibt es zu allen Themen kleine Geschichten oder Anekdoten, die zu Beginn vorgelesen werden und einen Türöffner darstellen können. Scheuen Sie sich nicht, die Geschichten zu kürzen, wenn Sie Ihnen zu lang erscheinen. Oft sind sie so gestaltet, dass einzelne Absätze aus der Geschichte herausgelassen werden können, ohne dass der Fluss unterbrochen wird.

Praxistipp

Achten Sie bei Ihrer persönlichen Zeitungslektüre auf Artikel, die sich eventuell für eine der nächsten Gruppenstunden als »Aufhänger« für ein Thema eignen könnten.

Gesprächsteil

Nach der Einführung ins Thema folgt zunächst ein Gespräch. Oft ergibt sich dies von selbst aus den spontanen Bemerkungen und Erzählungen der Teilnehmenden. Die Gruppenleiterin moderiert das Gespräch und unterstützt dabei, dass alle Beteiligten zu Wort kommen und gehört werden. Die Gesprächsimpulse, die in jedem Kapitel dieses Buchs einen mehr oder weniger großen Teil einnehmen, geben Ideen für verschiedene Richtungen, in die das Gespräch gelenkt werden kann. Es geht nie darum, alle Fragen »abzuarbeiten«, sondern vielmehr darum, unterschiedliche Möglichkeiten aufzuzeigen.

In den Gesprächen wird der Bezug zu Erfahrungen der Kindheit und des jungen Erwachsenenlebens hergestellt. Die Teilnehmenden werden zu Vergleichen aufgefordert: »Wie war das, als Sie Kind waren? Was hat sich demgegenüber heute verändert?« Dabei werden die älteren Menschen als Zeitzeugen zu Experten für die Geschichte. Ihre Sicht auf die Dinge wird wertgeschätzt und das Nebeneinander verschiedener Meinungen und Erlebensweisen betont. Es geht nicht darum, am Ende zu entscheiden, wer Recht hat und wie es damals wirklich war, sondern darum, dass die unterschiedlichen Perspektiven der Einzelnen zusammengetragen und nebeneinander stehengelassen werden. Dies fällt älteren Menschen oft nicht leicht, gerade wenn die Themen oder Ereignisse bedeutendes Gewicht und starke Auswirkungen auf ihr Leben hatten. Die Gespräche können dann in Machtkämpfe und Durchsetzungsversuche hinsichtlich der »Wahrheit« übergehen. Hier ist die Gesprächsführung durch die Gruppenleitung gefragt, die jeden Beitrag hört und würdigt und die Betonung darauf legt, dass ein und dasselbe unterschiedlich erlebt werden kann.

Es kommt vor, dass die Gesprächsteilnehmer von einem auf das nächste Thema kommen, oder dass bestimmte Personen das Gespräch immer wieder auf ihr Lieblingsthema lenken. Aufgabe der Gruppenleiterin ist es auch hier, das Gespräch zu steuern und wieder zum gemeinsamen Thema zurückzuführen. Entsteht jedoch ein Gruppengespräch, an dem ein Großteil der Gruppe beteiligt ist, und das etwas zum Inhalt hat, was für die meisten Teilnehmenden von starker Bedeutung ist, so kann es durchaus sinnvoll sein, das vorbereitete Stundenthema für die Zeit dieses Gesprächs zu verlassen. Da in solchen Fällen oft Emotionen mit im Spiel sind, kommt es hier darauf an, diesen einen guten Platz zu geben und sie, wo nötig, durch eine ressourcenorientierte Gesprächsführung aufzufangen. Solche Gespräche sollten nicht am Ende einer Gruppenstunde stehen, um die Teilnehmenden nicht mit aufgewühlten Emotionen zu verabschieden und damit sich selbst zu überlassen. Der Gesprächsteil ist daher am Anfang oder in der Mitte der Stunde angesiedelt.

Praxistipp

Falls das Gespräch gerade nicht zu sehr in die Tiefe geht, unterbrechen Sie ruhig einmal kurz an Stellen, die Ihnen geeignet erscheinen, und geben Sie eine Frage in die Runde, zu dem was kurz zuvor gesagt wurde. Beispielsweise: »Frau Müller hat eben erwähnt, welche Blumen sie besonders gern mag. Erinnert sich noch jemand, welche das sind?« Das erhöht die Aufmerksamkeit der Zuhörenden und macht schon die Gesprächsrunde zu einer kleinen Gedächtnisübung.

Übungen und Aufgaben

Die verschiedenen Übungen und Aufgaben, die sich dann anschließen, können in beliebiger Auswahl und Reihenfolge verwendet werden. Der Begriff »Übungen« bezeichnet in diesem Buch die Einheiten, die mündlich durchgeführt werden. »Aufgaben« hingegen werden schriftlich gelöst. Die dazu notwendigen Aufgabenblätter stehen jeweils gesammelt am Ende eines Themas als Kopiervorlagen zur Verfügung.

Als Gruppenleiterin wählen Sie für jede Stunde die Aufgaben aus, die Sie für geeignet halten. Kriterien können der Schwierigkeitsgrad, der methodische Wechsel in aufeinanderfolgenden Stunden oder auch bestimmte Vorlieben der Teilnehmenden sein. Methodische Hinweise erhalten Sie jeweils bei den einzelnen Aufgaben. Bei vielen Übungen können Sie den Schwierigkeitsgrad durch die Art und Weise, wie Sie sie präsentieren, variieren. Diese *Varianten* sind jeweils direkt bei den Übungen und Aufgaben beschrieben.

Beendigung der Gruppenstunde

Der Ausklang einer Gruppenstunde erfolgt sanft, durch einen Hinweis auf die Zeit, die schon langsam wieder zu Ende geht. Übungen werden zu Ende gebracht, Merkaufgaben, die am Beginn der Gruppenstunde gegeben wurden, abgefragt, letzte Gesprächsbeiträge gehört, möglicherweise auch eine Rückmeldung zur Stunde oder ein Wunsch für die nächste Sitzung erfragt. Sie können auch einen Ausblick auf die folgende Stunde geben, verbunden mit der Anregung, etwas Passendes mitzubringen. Manche Menschen mögen es, wenn sie ein Wort oder Gedicht auf den Weg mitbekommen. Dies sollte stets positiv und ermutigend sein. Am Ende der einzelnen Kapitel steht jeweils ein Vorschlag für ein Gedicht oder einen anderen kurzen Text, der sich eignet.

Praxistipp

Bieten Sie besonders motivierten Teilnehmenden »Hausaufgaben« an. Dies können Aufgabenblätter aus diesem Buch sein, die Sie für diese Person besonders geeignet halten, oder – ganz pragmatisch – Kopien, die Sie für die Stunde mitgebracht hatten und die nicht zum Einsatz kamen. Allerdings sollten Sie sicher sein, dass Sie genau diese Aufgabe nicht für die nächste Stunde nutzen möchten.

Dank

Bei den Menschen, die an der Entstehung dieses Buches beteiligt waren, bedanke ich mich herzlich: zunächst bei den Teilnehmenden an meinen Gruppen im Altenpflegeheim Kirchweg, die unermüdlich jede Woche mit mir Gedächtnistraining üben, für ihre rege Beteiligung an Gesprächen und Übungen; für das Teilen ihrer Erfahrungen und Ansichten, für ihre Anregungen und Ideen. Meinem Mann Tilmann danke ich für sein ausdauerndes Interesse, mit dem er meine Arbeit begleitet, für die inspirierenden, ideenreichen Gespräche darüber und für das Korrekturlesen des Manuskripts.

Ich danke den lieben Menschen, die mir Fotos für Merkbilder und Collagen zur Verfügung gestellt haben: Karin Schleicher, Dagmar Hollmann, Michaela Wassmann, Herbert Lemcke und ganz besonders meinem Bruder Thilo Parg, der mir darüber hinaus immer wieder ein unentbehrlicher Berater in technischen Fragen ist. Meiner Freundin Karin Schleicher und unseren »Zugbegleitern« danke ich für die Ideen, die aus unseren gemeinsamen morgendlichen Fahrten entstanden.

Bei Familie Missoni bedanke ich mich ganz besonders herzlich für die freundliche Abdruckgenehmigung ihres Familienfotos.

Ina Beneke und Heike Amthor vom Tectum Verlag danke ich für die äußerst angenehme, freundliche und fruchtbare Zusammenarbeit.

Kopiervorlagen

Unter der URL http://tinyurl.com/m3hnfbf gelangen Buchkäufer direkt zu den Kopiervorlagen im pdf-Format. Der Zugang zu diesem Bereich ist passwortgeschützt. Halten Sie für den Download den Benutzernamen und das Passwort bereit. Sie finden beides im Impressum des Buches.

Buchstabenreihe für alle Kapitel

Kopieren Sie diese Buchstabenfelder auf festes, möglichst farbiges Papier, schneiden Sie die Reihen der Länge nach ab und kleben Sie sie in alphabetischer Reihenfolge aneinander.

Kopieren Sie sie noch einmal und schneiden Sie die einzelnen Buchstaben aus. Sie dienen bei einigen Übungen als Buchstabenkarten.

A	B
C	D
E	F

G	H
I	J
K	L
M	N

O	P
Q	R
S	T
U	V

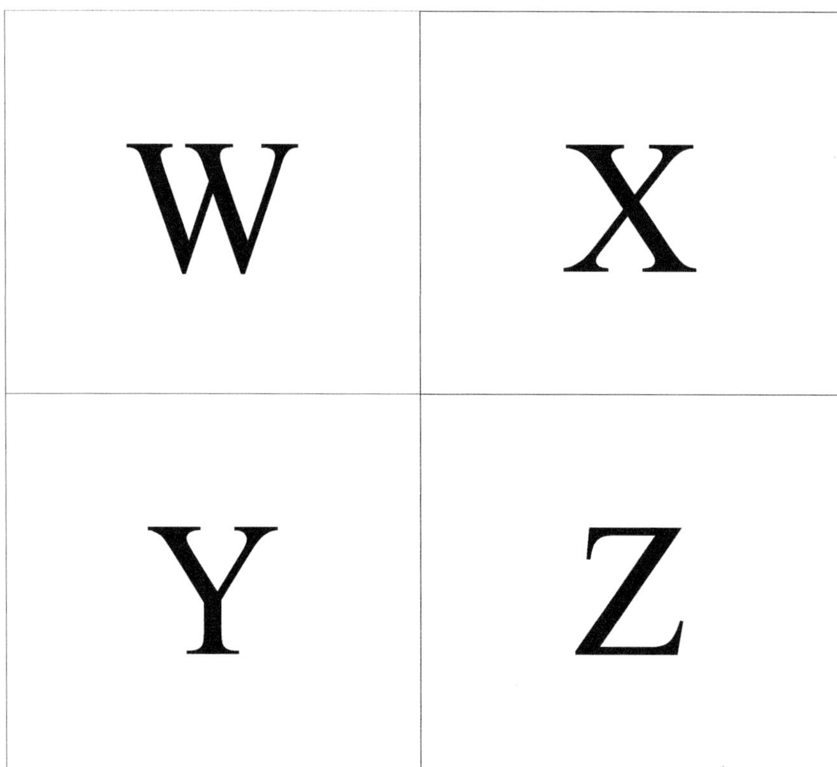
W
X
Y
Z

Tiere

Material

Trinkgläser, Wasser, Kopien der Aufgabenblätter, Stifte, Buchstabenreihe, Buchstabenkärtchen, zwei Würfel, Tierkärtchen

Dekoration

Tierfiguren aus Holz, Plastik oder Gummi, alternativ dazu Tierbücher; Zeitungsausschnitte, in denen über Tiere berichtet wird, z. B. über die Wiederansiedelung von Wölfen; Bilder und Postkarten mit Tieren; evtl. Hundeleine, Hundebürste, Spielzeug für Tiere, Tierfutterschachteln oder -dosen; Ameisenköder, Mottenpapier etc.

Einstimmung

Mögen Sie Tiere?

Menschen haben zu Tieren ganz unterschiedliche Einstellungen. Die einen sind tierlieb, sie freuen sich an Tieren in der Natur, an Vogelgesang und an Kühen auf der Weide. Andere finden Tiere eher lästig. Sie sehen überall Hundehaufen auf der Straße, stören sich an der Taubenplage, an Stechmücken im Sommer, Mäusen im Keller oder Mardern unterm Dach.

Wieder andere haben ein mehr pragmatisches Verhältnis zu Tieren. Auf die Frage: »Mögen Sie Tiere?«, antworten sie: »Ja, gern, besonders mit einem leckeren Sößchen dran.« Sie schätzen Tiere in der Kasserole, bei der Jagd oder beim Angeln.

Und nochmals andere sehen in Tieren eigentlich die besseren Menschen. Niemand ist so treu und anhänglich wie der eigene Hund, niemand so zärtlich wie das schmusende Kätzchen, und kein Mensch so zuverlässig wie das Pferd, auf dem man über Stock und Stein durch dick und dünn traben kann. Wie stehen Sie zu Tieren?

Mein Freund, der Tierfreund

Ich mag Tiere gern. Ich freue mich immer, wenn ich einem Hund begegne, der schwanzwedelnd auf mich zukommt und mich neugierig ansieht.

Manchmal werde ich in der Stadt von einem eifrigen Menschen mit Klemmbrett angesprochen und gefragt: »Haben Sie ein Herz für Tiere?« »Natürlich«, sage ich und höre mir an, dass wieder eine seltene Fischart vom Aussterben bedroht ist oder der Lebensraum für den Säbelzahntiger immer kleiner wird. Dann unterschreibe ich selbstverständlich auf der Liste und trete für die bedrohte Tierwelt ein.

Wenn ich von der Arbeit abschalten will, gehe ich in den Zoo. Ich lasse mich zwischen den Gehegen treiben, schaue mir die Giraffen an, die mit ihrem langen Hälsen immer den großen Überblick zu haben scheinen und besuche die Löwen, die meistens friedlich irgendwo im hinteren Bereich ihres Geheges beieinander liegen, als könnten sie kein

Wässerchen trüben. Apropos Wässerchen: Natürlich gehe ich jedesmal ins Aquarium. Ich mag diese besondere Atmosphäre, das Halbdunkel des Raumes, die riesigen Glaswände, hinter denen sich das Leben im Wasser abspielt. Eine faszinierende Welt ist das, finde ich.

Ja, ich bin ein Tierfreund. Das dachte ich zumindest immer.

Aber neulich machte ich die Bekanntschaft mit jemandem, der mich da ins Zweifeln brachte. Er ist ein *echter* Tierfreund. Er scheint keinen Schritt auf die Straße setzen zu können, ohne dass ihm ein Tier begegnet, das er streicheln, füttern oder retten kann. Vor Kurzem fand er mitten in der Stadt eine Ente, die in aller Seelenruhe auf der Straße spazieren ging – oder, besser gesagt, spazieren watschelte. Die Autos hupten, aber die Ente interessierte das nicht. Mein Bekannter kam dazu, sah das Tier, griff beherzt zu und trug es bis zum nahegelegenen Park, wo er es beim Teich absetzte.

Natürlich würde er nie einem Tier etwas zu leide tun. »Schädlinge« oder gar »Ungeziefer« – diese Wörter existieren in seinem Wortschatz nicht. Wenn nachts eine Schmeißfliege durch sein Schlafzimmer brummt und keine Ruhe gibt, weil sie das gekippte Fenster nicht findet, fängt er sie in einem Glas und setzt sie hinaus. Wenn andere Menschen im Sommer die Fliegenklatsche neben sich liegen haben, während sie auf der Terrasse frühstücken, stellt mein neuer Freund ein Schälchen mit Schinken und Honig etwas abseits des Tisches als Futterstelle für Insekten auf, damit sie ihn bei seiner Mahlzeit nicht stören. Ich habe das auch ausprobiert. Ich weiß nicht, warum die Wespen bei mir immer am Tisch mitessen wollen. Vielleicht legen sie Wert auf meine Gesellschaft. »Wir dürfen Tiere nicht nach ihrem Nutzen für uns kategorisieren«, behauptet er. Alle Tiere hätten ein Recht zu leben und seien wichtig für das Ökosystem. Ich kann mir nicht recht vorstellen, welchen Nutzen Mehlmotten im Ökosystem meiner Küche haben könnten, und warum es sinnvoll sein soll, dass die Ameisen ihre Straße ausgerechnet durch mein Wohnzimmer bauen. Draußen hätten sie doch viel bessere Bedingungen. Sie könnten sich sogar einen Ameisenhaufen bauen. Aber nicht in meinem Wohnzimmer. Ich habe die Stelle zwischen Fensterrahmen und Mauer, wo sie hereingekrabbelt sind, zugespachtelt. Mein Freund sagt, ich hätte einfach mit den Ameisen sprechen sollen. Das funktioniere wirklich. Sie kämen dann nicht mehr herein. Wahrscheinlich ist er ein Ameisenflüsterer. Ich glaube jedenfalls nicht, dass sie auf mich hören würden.

Was er wohl sagte, wenn ich ihm erzählte, dass meine Mutter Spinnen mit dem Staubsauger entsorgt, weil sie sich vor ihnen fürchtet? Na, das lasse ich lieber.

Neulich beobachtete ich von meiner Terrasse aus, wie ein Nachbar Bier in eine flache Schale goss und diese neben das Gemüsebeet stellte. Angesprochen auf sein seltsames Tun erklärte er mir, das sei für die Schnecken, die würden immer seinen Salat abfressen. Ich verstand zwar nicht, warum er sie dafür auch noch belohnt, aber ich werde meinen Tierfreund fragen, ob es ökologisch richtig und ethisch vertretbar ist, Schnecken zum Alkohol zu verleiten. *Er* muss es ja wissen!

Gesprächsimpulse

- Mögen Sie Tiere?
- Was zeichnet einen Tierfreund für Sie aus?
- Spielen oder spielten Tiere eine wichtige Rolle in Ihrem Leben?

- Welche Tiere mögen Sie am liebsten?
- Hatten Sie Haustiere?
- Wie war Ihre Beziehung zu Ihrem Haustier?
- Hatten Ihre Kinder Haustiere?
- Wie war es, wenn ein Haustier krank war oder starb? Wurde es beerdigt?
- Fühlten Sie sich manchmal eingeschränkt durch die Haustiere (z. B. zur Urlaubszeit)?
- Wo lebten die Haustiere? Hatten Sie Ställe dafür? Ein Aquarium/Terrarium?
- Lebten Katzen mit in der Wohnung? Oder draußen?

- Hatten Sie Ihren Hund in der Wohnung? Oder in der Hundehütte?

- Hatte er eine Aufgabe, z. B. als Wachhund?
- Wie kam der Hund zu seinem Auslauf? Wer ging mit ihm spazieren?
- Wer erzog den Hund?
- Was ist wichtig bei der Hundeerziehung?

- Haben Sie einmal auf einem Bauernhof gelebt? Welche Tiere hatten Sie damals?
- Wie war die Haltung im Vergleich zu heute?
- Was halten Sie von vegetarischer Ernährung?

- Gab es in Ihrer Kindheit Tiere in der freien Natur, die man heute nicht mehr sieht?
- Haben Sie eine besondere Beziehung oder Neigung zu Tieren in der Natur?
- Erkennen Sie Vogelarten am Gesang?
- Füchse, Frösche, Vögel, Störche, Igel … Erinnern Sie sich an ein besonderes Ereignis?
- Haben Sie sich je im Tierschutz engagiert?
- Hatten Sie je beruflich mit Tieren zu tun?

- Hatten Sie in Haus oder Garten Probleme mit Schädlingen (z. B. Schnecken, Blattläuse, Mäuse, Ratten, Maulwürfe, Marder, Wildschweine, Stechmücken)?
- Wie haben Sie sie bekämpft?

- Haben Sie gern einen Zoo besucht?
- Welche Tiere faszinieren Sie da besonders?
- Haben Sie Länder bereist, in denen Ihnen Tiere begegnet sind, die man bei uns nur im Zoo sieht?

Knobelaufgaben

Bei diesen Knobelaufgaben muss ein bisschen um die Ecke gedacht werden, damit man auf die Lösung kommt. Falls die Teilnehmenden eine kleine Hilfestellung brauchen, können Sie ihnen diesen Tipp geben: Im Reich der Tiere gibt es viele »Teekesselchen«, Wörter mit zwei oder mehr unterschiedlichen Bedeutungen.

- ▹ Was einem Vogel sein Zuhause, überführt den zu schnellen Autofahrer.
  - * Starenkasten
- ▹ Im Kuhstall darf man ihn so nennen, beim Ordnungshüter zahlt man teuer dafür.
  - * Bulle
- ▹ Was den Boden platt macht, fliegt später als Schmetterling davon.
  - * Raupe
- ▹ Man findet ihn auf dem Kirchturm, im Badezimmer, in der Küche und – zuweilen auf dem Misthaufen.
  - * Hahn
- ▹ An den Wänden mag ihn keiner, im Käse mancher und für andere liegt auf seinem Rücken das Glück der Erde.
  - * Schimmel
- ▹ Wenn man in freier Wildbahn da hineinschauen kann, ist man in großer Gefahr. Lieber trägt man es doch als glattgeschliffenen Handschmeichler in der Tasche.
  - * Tigerauge
- ▹ Er taugt zum Klappern so gut wie zu Sträußchen.
  - * Storchenschnabel
- ▹ Im Garten gräbt er unterirdische Gänge, bei den Menschen untergräbt er die Geheimhaltung.
  - * Maulwurf

▷ In freier Wildbahn möchte man ihnen nicht zu nahe kommen, auf dem Weihnachtsplätzchenteller kann man nicht genug davon bekommen.

* Bärentatzen

▷ Im Gegensatz zu anderen Artgenossen kann er nicht fliegen. Dafür erfreut er als Geschenk fast jede Frau, besonders wenn sie Walzer und Operette liebt.

* Strauß

Quiz

Beim Tierquiz werden jeweils drei Antwortmöglichkeiten vorgeschlagen. Die Teilnehmenden sollen entscheiden, welche die richtige ist. Sie können dies untereinander diskutieren, bevor sie sich für ein Ergebnis entscheiden. Mündlich durchgeführt, wirkt ein solches Quiz oft erheiternd und auflockernd. Sie können auch nur einen Teil der Fragen verwenden und die restlichen in einer anderen Stunde nutzen.

Variante: Das Quiz kann auch schriftlich durchgeführt oder als »Hausaufgabe« mitgegeben werden. Nutzen Sie dafür die Kopiervorlage.

Welche der drei Aussagen ist richtig?

Superlative

A Der Elefant ist das größte Säugetier der Welt.

B Die Ameise ist das kleinste Tier der Welt.

C Der Wanderfalke ist das schnellste Tier der Welt.

Antwort C ist richtig. Der Wanderfalke erreicht beim Jagen 322 km/h. Größtes Säugetier ist der Blauwal.

Der Specht

A gehört zu den Zugvögeln.

B findet in Baumstämmen Nahrung und baut sich dort Nisthöhlen.

C pausiert zwischen dem Meißeln instinktiv, um sein Gehirn von den Erschütterungen zu erholen.

Antwort B ist richtig. Spechte fliegen nur kurze Strecken. Das Klopfen gegen den Baumstamm beeinträchtigt das Gehirn aus anatomischen Gründen nicht.

Die Kuh

A ist das weibliche Hausrind nach dem ersten Kalben.

B hat fünf Mägen.

C gehört zu den Unpaarhufern.

Antwort A ist richtig. Die Kuh hat vier Mägen und gehört zur Ordnung der Paarhufer.

Schnecken

A nehmen ihre Nahrung über die Schleimspur auf, mit der sie sich fortbewegen.

B entwickeln ihr Haus im Ansatz bereits im Ei, vor dem Ausschlüpfen.

C orientieren sich in ihrer Kriechrichtung am Mond.

Antwort B ist richtig. Schnecken ernähren sich über eine mit Zähnchen besetzte Raspelzunge. Sie orientieren sich in ihrer Umgebung mit Hilfe von Fühlern.

Der Chihuahua

A wird von den Inuit als Schlittenhund genutzt.

B ist eine Unterart des sibirischen Bergfuchses.

C ist die kleinste Hunderasse des Welt.

Antwort C ist richtig.

Der Zitronenfalter

A ist ein Tagfalter, er gehört zur Familie der Weißlinge.
B ernährt sich insbesondere vom Nektar der Zitronenblüten.
C hat eine Lebensdauer von ca. sechs Wochen.

Antwort A ist richtig. Die durchschnittliche Lebensdauer beträgt zwölf Monate.

Die Blindschleiche

A ist die in Europa am weitesten verbreitete Schlange.
B kann ihren Schwanz an verschiedenen Sollbruchstellen abwerfen.
C hat Augen, die sich evolutionsgeschichtlich zu lichtunempfindlichen Organen zurückentwickelt haben.

Antwort B ist richtig. Die Blindschleiche ist keine Schlange, sondern eine Echse. Der Name lässt irrtümlich auf Blindheit schließen.

Die Seidenraupe

A wurde schon von Alters her für die Gewinnung von Seide genutzt.
B kommt ausschließlich in China vor.
C ist die einzige Raupe, die nach der Verpuppung nicht zu einem Schmetterling metamorphosiert.

Antwort A ist richtig. Die Seidenraupe ist die Raupe des Seidenspinners, eines Schmetterlings, der ursprünglich aus China stammt und sich bis Südeuropa ausgebreitet hat.

Das Walross

A ernährt sich von Plankton und unterseeisch wachsenden Schlingpflanzen.
B Die Walrosskühe werden um etwa ein Drittel größer als die Walrossbullen.
C trägt ein etwa ein Zentimeter langes stoppeliges Haarkleid.

Antwort C ist richtig. Das Walross gehört zu den größten Raubtieren. Die männlichen Tiere werden ca. 3,5 Meter, die weiblichen ca. 3 Meter lang.

Korallen
A sind rote Edelsteine, die zu Schmuck verarbeitet werden.
B sind koloniebildende Nesseltiere.
C sind unterseeisch wachsende Blütenpflanzen.
Antwort B ist richtig.

Fledermäuse
A sind nachtaktive Tiere.
B sind Vögel mit fellartigem Gefieder.
C finden sich mittels radioaktiver Strahlung im Dunkeln zurecht.
Antwort A ist richtig, Fledermäuse sind Säugetiere, die sich mit Hilfe von Ultraschall orientieren.

Der Maulwurf
A baut in den aufgeworfenen Hügeln geräumige Höhlen für seine Jungen.
B wird in Gärten bekämpft, weil er die kleinen Pflanzentriebe abfrisst.
C sammelt für den Winter Insektenvorräte in seinen Gängen.
Antwort C ist richtig. Maulwürfe sind Insektenfresser. In Gärten richten sie durch ihre Grabetätigkeit Schäden an den Pflanzenwurzeln an. Sie bauen sich unterirdische Nestkammern.

Die Steinlaus
A ist ein scheuer Nager, der sich von Steinen ernährt.
B wird zu medizinischen Zwecken bei Gallen- und Nierensteinen eingesetzt.
C ist die Erfindung eines Komikers.
Antwort C ist richtig. Loriot erfand die Steinlaus mit den unter A beschriebenen Eigenschaften. Ins medizinische Wörterbuch »Pschyrembel« wurde die Steinlaus als Scherz aufgenommen und mit weiteren Eigenschaften – Antwortmöglichkeit B – ausgeschmückt.

Der Ohrwurm

A ist nur wenige Millimeter groß und löst im Gehörgang Juckreiz aus.

B ist biologisch verwandt mit dem Ohrenzwicker, hat jedoch keine Greifwerkzeuge.

C bezeichnet eine eingängige Melodie, die sich als akustische Erinnerung in den Gedanken wiederholt.

Antwort C ist richtig.

Schwäne

A bauen sich Nester in hohen Lagen, z. B. auf Kirchtürmen.

B gehören zur Familie der Entenvögel.

C sind Zugvögel, die in Südafrika überwintern.

Antwort B ist richtig.

Noch einige offene Fragen

▷ Wie heißen die Gangarten des Pferdes?
  * Schritt – Trab – Galopp

▷ Welches Tier gibt einer Operette von Johann Strauß den Namen?
  * Die Fledermaus

▷ In welchem Märchen veranstalten welche Tiere einen Wettlauf? Wer siegt?
  * Der Hase und der Igel. Sieger ist der schlaue Igel.

▷ Welche Tiere gründen in welchem Märchen eine Rentnerband?
  * Die Bremer Stadtmusikanten, Esel, Hund, Katze und Hahn.

▷ Und zu guter Letzt: Was war zuerst da, die Henne oder das Ei?
  * Über diese Frage lässt sich seit jeher trefflich streiten …

Übungen

Tiere der Größe nach

Reihum werden Tiere genannt, die jeweils ein wenig größer sein sollen als das zuvor genannte. Die erste Teilnehmerin beginnt mit dem kleinsten Tier, das ihr einfällt.

Tiere von A bis Z

Die Buchstabenreihe wird auf dem Tisch ausgelegt. Reihum nennen die Teilnehmenden ein Tier, das jeweils mit dem nächsten Buchstaben beginnt. Die Gruppe ergänzt weitere Vorschläge, sodass alle Tiere, die den Teilnehmenden pro Buchstabe einfallen, genannt werden.

Lösungswortbeispiele

Affe – Bär – Chamäleon – Dachs – Eidechse – Fuchs – Gans – Huhn – Igel – Jaguar – Kuh – Leopard – Marder – Nilpferd – Otter – Papagei – Qualle – Reiher – Schwein – Tapir – Uhu – Vogel – Wal – Yak – Zebra

Variante: Einzelne Buchstabenkärtchen mit den häufig vorkommenden Buchstaben werden auf dem Tisch verteilt, dazu einige Würfel. Wer mag, zieht ein Kärtchen und würfelt mit zwei Würfeln. Die Augenzahl bestimmt, wie viele Tiere mit diesem Buchstaben genannt werden sollen.

Viele verschiedene Tiere

Nutzen Sie hierfür die Kopiervorlage »Fragekärtchen«.

Die Kärtchen werden verdeckt auf dem Tisch verteilt. Reihum, oder auch in beliebiger Reihenfolge, nehmen die Teilnehmenden eines der Kärtchen und zählen Tiere zu dem auf der Karte vorgegebenen Stichwort auf. Die anderen ergänzen, was ihnen einfällt.

Variante: Mit zwei Würfeln wird die Anzahl der zu nennenden Tiere bestimmt.

Haustiere
Hund, Katze, Hamster, Kaninchen, Meerschweinchen, Vögel (Wellensittich, Papagei, Kanarienvogel, Zebrafink), Fische (Goldfische, Zierfische), Schildkröte

Nutztiere
Kühe, Schafe, Ziegen, Schweine, Hühner, Enten, Gänse, Pferde, Hunde

Vogelarten
Wellensittich, Kanarienvogel, Papagei, Spatz, Amsel, Drossel, Fink, Star, Adler, Falke, Wanderfalke, Bussard, Papagei, Kolibri, Möwe, Taube

Tiere, die im Meer leben
Fische, Quallen, Robben, Walrosse, Wale, Seesterne, Seeigel, Krebse, Wattwürmer, Pinguine, Seepferdchen, Wasserschildkröten, Korallen, Muscheln, Tintenfische, Meeresschnecken, Seegurken, Garnelen, Hummer, Langusten

Raubtiere
Löwen, Leoparden, Geparde, Luchse, Bären, Wölfe, Walrosse, Robben, Hyänen, Stinktiere, Marder, Frettchen, Wiesel, Hermeline

Insekten
Fliegen, Schmetterlinge, Falter, Bienen, Wespen, Hummeln, Hornissen, Käfer, Ameisen, Libellen, Schaben, Läuse, Flöhe, Wanzen, Silberfischchen

Tiere, vor denen Menschen sich ekeln
Schnecken, Schlangen, Mäuse, Spinnen, Kellerasseln, Silberfische, Läuse

Schädlinge
Blattläuse, Kopfläuse, Wühlmäuse, Kleider- und Lebensmittelmotten, Schnecken, Flöhe, Kartoffelkäfer, Borkenkäfer, Ratten, Mäuse, Marder, Maulwürfe

Tiere im Märchen
Der Wolf und die sieben Geißlein – Rotkäppchen und der böse Wolf – Die sieben Raben – Der gestiefelte Kater – das Pferd, die Kuh, das Schwein und die Gans in »Hans im Glück« – Die Gänsemagd – Das hässliche Entlein – die Ente in »Hänsel und Gretel« – der Bär in »Schneeweißchen und Rosenrot« – die Ziege und der Goldesel in »Tischlein deck dich«

Tierprodukte
Fleisch (Muskelfleisch, Innereien), Knochen (Gelatine, Seife), Saiten (aus Tiersehnen), Horn, Elfenbein, Milch, Eier, Federn, Leder, Fell, Pelz, Wolle, Honig, Seide, Fischmehl, Schildpatt (aus Schildkrötenpanzern), Perlmutt, Perlen, Dünger aus Dung, Brennstoff, Tiernahrung

Hunde als Nutztiere
Polizei (Drogen- und Sprengstofffahndung, Vermisstensuche), Katastrophenschutz, Bergwacht (z. B. Lawinenhunde), Assistenzhunde (z. B. Führhunde für blinde Menschen), Therapiehunde, Zugtiere (z. B. Schlittenhunde), Haushunde, Wachhunde, Jagdhunde, Hirtenhunde, Freizeitgestaltung (Hundedressur), Zirkushunde

Tiere, die bei uns in freier Wildbahn leben
Hirsche, Rehe, Hasen, Kaninchen, Füchse, Mäuse, Bussarde, Störche, Enten, Wildschweine, z. T. Wölfe, Wildkatzen, Luchse, Möwen, Fasane, Frösche, Igel

Aufgaben

Merkbild Tiere – Aufgabenblatt 1

Die Teilnehmenden betrachten die Tierbildcollage und prägen sich die Bilder möglichst gut ein. Dann drehen sie das Blatt um und der dazugehörende Fragebogen wird ausgeteilt. Je ausführlicher und differenzierter zuvor über die Bilder in der Runde gesprochen wurde, desto leichter fällt anschließend die Beantwortung der Fragen. Am schwierigsten ist diese Aufgabe daher, wenn alle für sich allein die Bilder anschauen und dann die Fragen beantworten.

Fragen zum Merkbild Tiere – Aufgabenblatt 2

Lösungen

1. Vier: zwei Hunde, eine Katze, ein Kaninchen; 2. Marienkäfer; 3. zwei: Marienkäfer und Spinne; 4. eines: der Pfau; 5. die Katze; 6. Spinne und Hund unten; 7. links oben, rechts unten; 8. acht Fotos; 9. oberer Hund, Schaf, Katze; 10. acht Beine; 11. Getreidehalm; 12. Kaninchen

Eigenschaften von Tieren – Aufgabenblatt 3

In Redewendungen werden Tieren Eigenschaften zugesprochen, die hier zusammengetragen werden sollen. Das Arbeitsblatt kann zunächst von den Teilnehmenden für sich ausgefüllt werden, dann sagt reihum jeder eine Eigenschaft mit dem entsprechenden Tier. Man kann diese Redewendungen aber auch mündlich benennen. Die Gruppenleiterin liest eine Eigenschaft vor, und die Teilnehmenden ergänzen das dazugehörende Tier.

Lösungswörter

1. Schnecke; 2. Fuchs; 3. Lamm; 4. Hund; 5. Schlange; 6. Fisch; 7. Maulwurf; 8. Vogel; 9. Reh; 10. Wiesel; 11. Gazelle; 12. Elster; 13. Esel; 14. Schlange; 15. Maus; 16. Kirchenmaus; 17. Spatz; 18. Kamel; 19. Löwe; 20. Schlange; 21. Esel; 22. Pfau; 23. Eule; 24. Katze

Tierbehausungen – Aufgabenblatt 4

Die Übung kann mündlich oder schriftlich durchgeführt werden. Die Teilnehmenden ergänzen die Tiernamen so, dass sich das Wort für die Behausung des Tiers ergibt.

Lösungswörter

1. Vogelnest, 2. Fuchsbau, 3. Adlerhorst, 4. Kuhstall, 5. Hundehütte, 6. Austernschale, 7. Bärenhöhle, 8. Schneckenhaus, 9. Starenkasten, 10. Bienenstock, 11. Ameisenhaufen, 12. Termitenbau/-hügel, 13. Goldfischglas/-teich

Doppelwörter zuordnen – Aufgabenblatt 5

Bitte verbinden Sie die Wörter auf der linken Seite so mit denen auf der rechten, dass sich sinnvolle Wörter ergeben.

Lösungswörter

1. Korallenriff, 2. Wattwurm, 3. Glücksschwein, 4. Blattlaus, 5. Buntspecht, 6. Eichelhäher, 7. Katzenpfötchen, 8. Grasmücke, 9. Schäfchenwolke, 10. Seeteufel, 11. Zaunkönig, 12. Silberfisch, 13. Mausefalle, 14. Blaumeise

Tierfamilien – Aufgabenblatt 6

Bitte ergänzen Sie die jeweils fehlenden Familienmitglieder.

Lösungen

Vatertier	**Muttertier**	**Jungtier**
Hahn	Henne	Küken
Erpel	Ente	Küken
Ganter	Gans	Gänsel
Hengst	Stute	Fohlen
Eber	Sau	Ferkel
Rüde	Hündin	Welpe
Rehbock	Ricke	Kitz
Hammel	Schaf	Lamm

Bock	Ziege	Zicklein
Stier	Kuh	Kalb
Keiler	Bache	Frischling
Kater	Katze	Katzenjunges
Hirsch	Hirschkuh	Hirschkalb

Sprichwörter und Redensarten – Aufgabenblatt 7

Sprichwörter zu vervollständigen ist eine beliebte Übung, die vielen Teilnehmenden leicht fällt. Sie kann schriftlich an Hand des Arbeitsblatts durchgeführt werden.

Lösungswörter

1. Hase, 2. Bären, 3. Affe, 4. Hechtsuppe, 5. Kirchenmaus, 6. Schweinehund, 7. Vogel, 8. Hund, 9. Tarantel, 10. Huhn, 11. Bärendienst, 12. Laus, 13. Honigkuchenpferd, 14. Hund, 15. Elefant, 16. Hammelbeine, 17. Katze, 18. Gaul, 19. Kuhhaut, 20. Schwan, 21. Schwein, 22. Katzensprung

Variante: Sie lesen die veränderten Sprichwörter vor und lassen sie von den Teilnehmenden berichtigen. Die Übung ist am einfachsten, wenn Sie den Anfang des Sprichworts vorlesen und es dann ergänzen lassen. Auch schwächere Teilnehmende haben hier Erfolgserlebnisse.

- ▹ Mein Name ist Hanssen, ich weiß von nichts.
  - * Mein Name ist Hase, ich weiß von nichts.
- ▹ Jemandem einen Löwen aufbinden.
  - * Jemandem einen Bären aufbinden.
- ▹ Deckel zu, Katze tot.
  - * Klappe zu, Affe tot.
- ▹ Es zieht wie Fischsuppe.
  - * Es zieht wie Hechtsuppe.
- ▹ Arm wie eine Küchenlaus.
  - * Arm wie eine Kirchenmaus.

- ▹ Den äußeren Windhund überwinden.
  - * Den inneren Schweinehund überwinden.
- ▹ Du hast ja einen Sperling!
  - * Du hast ja einen Vogel!
- ▹ Der ist auf den Fuchs gekommen.
  - * Der ist auf den Hund gekommen.
- ▹ Wie von der Biene gestochen.
  - * Wie von der Tarantel gestochen.
- ▹ Ein blinder Wurm findet auch mal den Kern.
  - * Ein blindes Huhn findet auch mal ein Korn.
- ▹ Jemandem einen Hundedienst erweisen.
  - * Jemandem einen Bärendienst erweisen.
- ▹ Dem ist eine Maus über den Kleber gelaufen.
  - * Dem ist eine Laus über die Leber gelaufen.
- ▹ Grinsen wie ein Honigwabentier.
  - * Grinsen wie ein Honigkuchenpferd.
- ▹ Da wird ja die Katze im Kochtopf verrückt!
  - * Da wird ja der Hund in der Pfanne verrückt!
- ▹ Wie ein Kamel im Teppichladen.
  - * Wie ein Elefant im Porzellanladen.
- ▹ Jemandem die Hummelbiene kurzziehen.
  - * Jemandem die Hammelbeine langziehen.
- ▹ Die Ratte im Pack kaufen.
  - * Die Katze im Sack kaufen.
- ▹ Einem gescheckten Pferd schaut man nicht in die Nüstern.
  - * Einem geschenkten Gaul schaut man nicht ins Maul.
- ▹ Das geht auf keine Schweinshaut.
  - * Das geht auf keine Kuhhaut.
- ▹ Mein lieber Storch!
  - * Mein lieber Schwan!
- ▹ Ich glaube, mein Meerschwein hustet.
  - * Ich glaube, mein Schwein pfeift.
- ▹ Das ist nur einen Känguruhsprung entfernt.
  - * Das ist nur einen Katzensprung entfernt.

Buchstabentausch – Aufgabenblatt 8

Welche Tiere verbergen sich wohl hinter diesen seltsamen Namen? Bitte bringen Sie die Buchstaben in die richtige Reihenfolge.

Lösungswörter

1. Kuh, 2. Floh, 3. Löwe, 4. Elch, 5. Hase, 6. Affe, 7. Igel, 8. Ratte, 9. Tapir, 10. Katze, 11. Otter, 12. Iltis, 13. Raupe, 14. Zebra, 15. Fliege, 16. Wachtel, 17. Elefant, 18. Spinne, 19. Krokodil, 20. Ameise, 21. Hamster, 22. Leopard, 23. Giraffe, 24. Schmetterling

Fische im Goldfischglas – Aufgabenblatt 9

Finden Sie die Fische im Goldfischglas? Sie schwimmen kreuz und quer durcheinander, vorwärts, rückwärts, auf und ab und diagonal.

Lösung

F	I	C	Z	O	P	I	C	H	F	I	N	H	S	C	I
L	O	G	O	F	I	S	I	H	B	A	N	I	C	F	O
I	Z	F	O	R	E	L	L	E	A	F	I	C	S	H	K
S	H	C	A	L	T	E	A	U	R	I	U	R	H	K	N
G	U	H	J	K	D	W	T	Z	S	R	F	E	I	A	O
H	Z	E	B	R	A	F	I	S	C	H	C	D	F	R	D
C	A	R	U	R	T	A	I	U	H	H	T	N	I	P	A
R	T	I	L	A	A	F	U	S	T	I	R	U	G	F	F
A	M	N	T	E	R	U	N	S	C	H	O	L	L	E	S
T	P	G	R	E	D	N	A	Z	A	H	E	F	R	N	H
N	D	Z	S	T	E	I	N	B	U	T	T	F	G	U	I
I	U	A	P	I	F	I	H	C	S	F	U	I	I	N	C

Goldfisch, Hering, Barsch, Forelle, Scholle, Zebrafisch, Hai, Aal, Lachs, Flunder, Steinbutt, Karpfen, Hecht, Wels, Zander

Fantasieübung »Wenn ich ein Vöglein wär ...«

Wir wollen nun unsere Fantasie beflügeln. Setzen Sie sich bequem hin und schließen Sie, wenn Sie mögen, für einen Moment die Augen. Stellen Sie sich vor, wie im Märchen käme nun eine Fee zu Ihnen, die Ihnen eine ganz besondere Erfahrung ermöglichen möchte: Sie dürfen für eine kurze Zeitspanne – etwa fünf Minuten lang – ein Tier Ihrer Wahl sein. Sie bekommen den Körper dieses Tieres, seine Fähigkeiten, seine besten Lebensbedingungen und seine Empfindungen. Dabei stehen Sie unter dem besonderen Schutz dieser Fee, sodass Ihnen nichts geschehen wird, bevor sie Sie zurückverwandelt. In welches Tier würden Sie sich verwandeln lassen? Was würden Sie gern einmal erleben?

Variante: Diese Übung kann um eine Gedächtnisaufgabe erweitert werden. Die Teilnehmenden sollen sich merken, wer welches Tier genannt hat. Nach einer eingeschobenen anderen Aufgabe wird in die Runde gefragt, wer sich erinnert. Es dürfen nur die Tiere der anderen genannt werden, nicht das eigene.

Als Aufgabe zwischendurch eignet sich gut das Aufgabenblatt »Eigenschaften von Tieren«, denn auch hier geht es um Zuschreibungen.

Ausklang

Die Ameisen
In Hamburg lebten zwei Ameisen,
Die wollten nach Australien reisen.
Bei Altona auf der Chaussee
Da taten ihnen die Beine weh,
Und da verzichteten sie weise
Dann auf den letzten Teil der Reise.

Joachim Ringelnatz

Tierisches Alphabet, frei nach Wilhelm Busch

Der *A*ffe gern Bananen frisst, die *A*meise das stets vergisst.
Der *B*är nascht Honig von den *B*ienen, die daran keinen Cent verdienen.
Chinchilla und Chamäleon, die haben stets das C ganz vorn!
Die *D*rossel tiriliert im Baum, der *D*achs im Bau träumt seinen Traum.
Die *E*chse aalt sich in der Sonne, der *E*lefant schaut zu mit Wonne.
Der *F*uchs die Gänslein gerne stiehlt, der *F*ink im Baum ihn dafür schilt.
Die *G*ans ist grad dem Fuchs entkommen und geht zum *G*ecko, sich zu sonnen.
Der *H*und in seiner Hütte bellt, der *H*ase fast in Ohnmacht fällt.
Der *I*gel, stets im Wettlauf vorn, siegt, weil der *I*ltis stinkt enorm.
Der *J*aguar zur Jagd aufbricht, der *J*agdhund müde »Lass mich« spricht.
Die *K*uh kaut auf der Wiese Gras, das *K*alb guckt zu und denkt sich was.
Der *L*öwe läuft durch die Savanne, die *L*erche singt auf ihrer Tanne.
Der *M*arder nagt am Autoschlauch, die *M*aus nagt Speck am Schweinebauch.
Das *N*ilpferd watet durch den Nil, dem *N*ashorn wird das jetzt zu viel.
Der *O*tter fängt im Wasser Fisch, der *O*zelot hat Gnu zu Tisch.
Der *P*apagei ist farbenfroh, der *P*fau nicht minder – weiter so!
Die *Q*ualle durch die Meere zieht, der *Q*uakfrosch das Salzwasser flieht.
Das *R*eh als scheues Tier bekannt, ist mit dem *R*ehbock nah verwandt.
Die *S*au suhlt sich im Matsch sehr gern, die *S*pinne bleibt ihm lieber fern.
Der *T*apir schwarz und weiß sich kleidet, die *T*aube sich für grau entscheidet.
Der *U*hu lieber ruft als klebt, das *U*rmel nur im Märchen lebt.
Der *V*ogel hoch im Baume sitzt, die *V*iper um die Wurzeln flitzt.
Das *W*ildschwein wühlt die Erde auf, die *W*ühlmaus setzt noch einen drauf.
Mit *x* ist noch kein Tier gebor'n, drum bleibt es gänzlich ungeschor'n.
Das *Y*ak die heiße Sonne sticht, den *Y*eti gibt es leider nicht.
Das *Z*ebra ist schwarz-weiß bekleckert, die *Z*iege steht im Stall und meckert.

Quiz

Welche Aussage ist richtig? Bitte kreuzen Sie eine Antwort an!

1 Superlative

( ) A Der Elefant ist das größte Säugetier der Welt.
( ) B Die Ameise ist das kleinste Tier der Welt.
( ) C Der Wanderfalke ist das schnellste Tier der Welt.

2 Der Specht

( ) A gehört zu den Zugvögeln.
( ) B findet in Baumstämmen Nahrung und baut sich dort Nisthöhlen.
( ) C pausiert zwischen dem Meißeln instinktiv, um sein Gehirn von den Erschütterungen zu erholen.

3 Die Kuh

( ) A ist das weibliche Hausrind nach dem ersten Kalben.
( ) B hat fünf Mägen.
( ) C gehört zu den Unpaarhufern.

4 Schnecken

( ) A nehmen ihre Nahrung über die Schleimspur auf, mit der sie sich fortbewegen.
( ) B entwickeln ihr Schneckenhaus im Ansatz bereits im Ei, vor dem Ausschlüpfen.
( ) C orientieren sich in ihrer Kriechrichtung am Mond.

5 Der Chihuahua

( ) A wird von den Eskimos als Schlittenhund genutzt.
( ) B ist eine Unterart des sibirischen Bergfuchses.
( ) C ist die kleinste Hunderasse des Welt.

6 Der Zitronenfalter

( ) A ist ein Tagfalter, er gehört zur Familie der Weißlinge.
( ) B ernährt sich insbesondere vom Nektar der Zitronenblüten.
( ) C hat eine Lebensdauer von ca. sechs Wochen.

7 Die Blindschleiche

( ) A ist die in Europa am weitesten verbreitete Schlange.
( ) B kann ihren Schwanz an verschiedenen Sollbruchstellen abwerfen.
( ) C hat Augen, die sich evolutionsgeschichtlich zu lichtunempfindlichen Organen zurückentwickelt haben.

8 Die Seidenraupe

( ) A wurde schon von Alters her für die Gewinnung von Seide genutzt.
( ) B kommt ausschließlich in China vor.
( ) C ist die einzige Raupe, die nach der Verpuppung nicht zu einem Schmetterling metamorphosiert.

9 Das Walross

( ) A ernährt sich von Plankton und unterseeisch wachsenden Schlingpflanzen.
( ) B Die Walrosskühe werden um etwa ein Drittel größer als die Walrossbullen.
( ) C trägt ein etwa ein Zentimeter langes stoppeliges Haarkleid.

10 Korallen

( ) A sind rote Edelsteine, die zu Schmuck verarbeitet werden.
( ) B sind koloniebildende Nesseltiere.
( ) C sind unterseeisch wachsende Blütenpflanzen.

11 Fledermäuse

( ) A sind nachtaktive Tiere.
( ) B sind Vögel mit fellartigem Gefieder.
( ) C finden sich mittels radioaktiver Strahlung im Dunkeln zurecht.

12 Der Maulwurf

( ) A baut in den aufgeworfenen Hügeln geräumige Höhlen für seine Jungen.
( ) B wird in Gärten bekämpft, weil er die kleinen Pflanzentriebe abfrisst.
( ) C sammelt sich für den Winter Insektenvorräte in seinen Gängen.

13 Die Steinlaus

( ) A ist ein scheuer Nager, der sich von Steinen ernährt.
( ) B wird zu medizinischen Zwecken bei Gallen- und Nierensteinen eingesetzt.
( ) C ist die Erfindung eines Komikers.

14 Der Ohrwurm

( ) A ist nur wenige Millimeter groß und löst im Gehörgang Juckreiz aus.
( ) B ist biologisch verwandt mit dem Ohrenzwicker, hat jedoch keine Greifwerkzeuge.
( ) C bezeichnet eine eingängige Melodie, die sich als akustische Erinnerung in den Gedanken wiederholt.

15 Schwäne

( ) A bauen sich Nester in hohen Lagen, z. B. auf Kirchtürmen.
( ) B gehören zur Familie der Entenvögel.
( ) C sind Zugvögel, die in Südafrika überwintern.

Und noch einige Rätselfragen

Wie heißen die Gangarten des Pferdes?

____

Welches Tier gibt einer Operette von Johann Strauß den Namen?

____

In welchem Märchen veranstalten welche Tiere einen Wettlauf? Wer siegt?

____

____

Welche Tiere gründen in welchem Märchen eine Rentnerband?

____

Und zu guter Letzt: Was war zuerst da, die Henne oder das Ei?

____

Viele verschiedene Tiere – Fragekärtchen

Haustiere	**Nutztiere**
Tiere, die im Meer leben	**Raubtiere**
Tiere, vor denen sich Menschen ekeln	**Schädlinge**

Vogelarten	**Insekten**
Tiere, die in Märchen vorkommen	**Tiere, die bei uns in freier Wildbahn leben**
Tierprodukte	**Hunde als Nutztiere**

Aufgabenblatt 1 – Merkbild

Aufgabenblatt 2 – Fragen zum Merkbild

1. Wie viele Haustiere sind hier abgebildet?

   ____

2. Welches ist das kleinste der Tiere auf dieser Seite?

   ____

3. Wie viele Insekten sind zu sehen?

   ____

4. Wie viele Tiere haben nur zwei Beine?

   ____

5. Welches Tier ist weiß?

   ____

6. Welche Tiere sind nicht vor grünem Hintergrund fotografiert?

   ____

7. An welcher Position auf der Seite befinden sich die Hunde?

   ____

8. Wie viele Fotos sind insgesamt abgebildet?

   ____

9. Welche der Tiere scheinen direkt in die Kamera zu schauen?

   ____

10. Wie viele Beine hat die Spinne?

    ____

11. Worauf sitzt der Marienkäfer?

    ____

12. Welches Tier sitzt in der rechten oberen Ecke?

    ____

Aufgabenblatt 3 – Eigenschaften von Tieren

Tieren werden Eigenschaften zugeordnet. Bitte schreiben Sie die entsprechenden Tiere zu den Eigenschaftswörtern.

1. langsam wie *eine Schnecke*
2. schlau wie ____________________
3. fromm wie ____________________
4. treu wie ____________________
5. listig wie ____________________
6. stumm wie ____________________
7. blind wie ____________________
8. frei wie ____________________
9. scheu wie ____________________
10. flink wie ____________________
11. anmutig wie ____________________
12. diebisch wie ____________________
13. störrisch wie ____________________
14. raffiniert wie ____________________
15. grau wie ____________________
16. arm wie ____________________
17. frech wie ____________________
18. durstig wie ____________________
19. mutig wie ____________________
20. falsch wie ____________________
21. bockig wie ____________________
22. eitel wie ____________________
23. weise wie ____________________
24. verspielt wie ____________________

Aufgabenblatt 4 – Tierbehausungen

Ergänzen Sie das Tier mit seiner Behausung.

1. Vogel *nest*
2. Fuchs ________________
3. Adler ________________
4. Kuh ________________
5. Hunde ________________
6. Austern ________________
7. Bären ________________
8. Schnecken ________________
9. Staren ________________
10. Bienen ________________
11. Ameisen ________________
12. Termiten ________________
13. Goldfisch ________________

Aufgabenblatt 5 – Doppelwörter zuordnen

Bitte verbinden Sie die Wörter auf der linken Seite so mit denen auf der rechten, dass sich sinnvolle Wörter ergeben.

1. Korallen	Laus
2. Watt	Häher
3. Glücks	Riff
4. Blatt	Pfötchen
5. Bunt	Mücke
6. Eichel	Teufel
7. Katzen	König
8. Gras	Wurm
9. Schäfchen	Fisch
10. See	Meise
11. Zaun	Specht
12. Silber	Falle
13. Mause	Schwein
14. Blau	Wolken

Aufgabenblatt 6 – Tierfamilien

Bitte ergänzen Sie die jeweils fehlenden Familienmitglieder.

Vatertier	**Muttertier**	**Jungtier**
Hahn		
	Ente	
Ganter		
		Fohlen
	Sau	
Rüde		
		Kitz
	Schaf	
Bock		
	Kuh	
		Frischling
	Katze	
Hirsch		

Aufgabenblatt 7 – Sprichwörter und Redensarten

1. Mein Name ist ____________, ich weiß von nichts.
2. Jemandem einen ____________ aufbinden.
3. Klappe zu, __________ tot.
4. Es zieht wie ________suppe.
5. Arm sein wie eine _____________________.
6. Den inneren _____________________ überwinden.
7. Du hast ja einen _____________!
8. Der ist auf den ______________ gekommen.
9. Wie von der __________________ gestochen.
10. Ein blindes ______________ findet auch mal ein Korn.
11. Jemandem einen __________dienst erweisen.
12. Dem ist eine ____________ über die Leber gelaufen.
13. Grinsen wie ein _____________________.
14. Da wird ja der ____________ in der Pfanne verrückt.
15. Wie ein ___________________ im Porzellanladen.
16. Jemandem die _____________________ langziehen.
17. Die _____________ im Sack kaufen.
18. Dem geschenkten _________ schaut man nicht ins Maul.
19. Das geht auf keine ______________.
20. Mein lieber ________________!
21. Ich glaube, mein _________________ pfeift.
22. Das ist nur einen ____________sprung entfernt.

Aufgabenblatt 8 – Buchstabentausch

Welche Tiere verbergen sich wohl hinter diesen seltsamen Namen? Bitte bringen Sie die Buchstaben in die richtige Reihenfolge.

1. HUK ______________________
2. LOFH ______________________
3. WELÖ ______________________
4. LECH ______________________
5. SAHE ______________________
6. FEFA ______________________
7. LIGE ______________________
8. TETRA ______________________
9. PITAR ______________________
10. TEZKA ______________________
11. TETOR ______________________
12. LISTI ______________________
13. PEURA ______________________
14. BERAZ ______________________
15. FEIGEL ______________________
16. TECHWAL ______________________
17. TEELANF ______________________
18. PENSIN ______________________
19. DIKKOROL ______________________
20. SEEMAI ______________________
21. MEHRSAT ______________________
22. PEDORAL ______________________
23. FAFERIG ______________________
24. RITTEMSCHLENG ______________________

Aufgabenblatt 9 – Fische im Goldfischglas

Finden Sie die Fische im Goldfischglas?

Sie schwimmen kreuz und quer durcheinander, vorwärts, rückwärts, auf und ab und diagonal.

F	I	C	Z	O	P	I	C	H	F	I	N	H	S	C	I
L	O	G	O	F	I	S	I	H	B	A	N	I	C	F	O
I	Z	F	O	R	E	L	L	E	A	F	I	C	S	H	K
S	H	C	A	L	T	E	A	U	R	I	U	R	H	K	N
G	U	H	J	K	D	W	T	Z	S	R	F	E	I	A	O
H	Z	E	B	R	A	F	I	S	C	H	C	D	F	R	D
C	A	R	U	R	T	A	I	U	H	H	T	N	I	P	A
R	T	I	L	A	A	F	U	S	T	I	R	U	G	F	F
A	M	N	T	E	R	U	N	S	C	H	O	L	L	E	S
T	P	G	R	E	D	N	A	Z	A	H	E	F	R	N	H
N	D	Z	S	T	E	I	N	B	U	T	T	F	G	U	I
I	U	A	P	I	F	I	H	C	S	F	U	I	I	N	C

Goldfisch, Hering, Barsch, Forelle, Scholle, Zebrafisch, Hai, Aal, Lachs, Flunder, Steinbutt, Karpfen, Hecht, Wels, Zander

Türme

Material

Trinkgläser, Wasser, Kopien der Aufgabenblätter, Stifte, Spielkarten

Dekoration

Deko-Leuchttürme, Jenga-Turm, Legoturm, Bauklotzturm, Bilder, Fotos, Postkarten von Türmen

Einstimmung

Kurzgeschichte: »Hoch hinaus«. Lesen Sie die Geschichte entweder im Ganzen vor oder nur den ersten Teil bis zum Absatz. Die Fortsetzung folgt, falls es passt, im Verlauf bzw. am Ende der Gruppenstunde. Sie können damit auch eine weitere Gruppenstunde einleiten.

Hoch hinaus

Marion hatte am liebsten festen Boden unter ihren Füßen. Schon als Kind war das so gewesen. Sie stieg nicht gern auf Türme, kletterte nicht wie die anderen Kinder auf Bäume, und im Schwimmbad hätten keine zehn Pferde sie auf die Wasserrutsche oder gar aufs Sprungbrett bekommen. Höhe machte ihr einfach Angst.

Und auch heute als erwachsene Frau konnte sie die nicht überwinden. Schon eine Trittleiter war ihn unangenehm. In der Speisekammer hatte sie ein hohes Regal, das bis unter die Decke reichte. Hier kam sie nicht umhin, ab und zu auf eine Leiter zu steigen. Wenn sie von oben etwas herunterholen wollte, hängte sie sich stets eine Umhängetasche vor den Bauch, in die sie die Dinge hineinpackte, um sich beim Abstieg mit beiden Händen festhalten zu können. Doch seit Marion schwanger gewesen war, hatte ihr Mann ihr freundlicherweise strikt untersagt, überhaupt noch auf eine Leiter zu steigen. Das war ihr nur mehr als recht gewesen.

Ihr Mann war ganz anders als sie. Ihm machte Höhe überhaupt nichts aus. Er war geradezu versessen darauf, auf Türme zu steigen und von dort »die wunderbare Aussicht« zu genießen. Auf ihrer Hochzeitsreise nach Barcelona hatte sich ihr Mann in der Kirche Sagrada Família eine geschlagene Stunde in die Schlange gestellt, nur um mit dem Hochgeschwindigkeitsfahrstuhl auf einen der Kirchtürme hinaufzufahren und von dort aus die Stadt zu betrachten. Sein Schwärmen anschließend nahm keine Ende.

Seit sie nun den kleinen Sebastian hatten, erlebte Marion manchen Schrecken. Kinder klettern ja überall hoch und haben überhaupt keine Angst – ihr Sebastian jedenfalls nicht. Wenn man irgendwo hochsteigen konnte, tat er es. Wenn nicht, tat er es auch. Wenn Sebastian nur über eine Mauer schaute, wurde Marion schon fast ohnmächtig und holte ihn schnell von dort weg.

Heute war Marion mit ihrem kleinen Sohn auf den Spielplatz gegangen, und sie unterhielt sich mit einer Nachbarin, als es von irgendwoher »Mamaaa, huhuhhh« rief. Marion erschrak. Eben hatte der Vierjährige noch im Sandkasten gesessen, jetzt war er nicht mehr zu sehen. Wieder rief er. Marion entdeckte ihn hoch oben auf einem

Klettergerüst, das eindeutig nicht für Kleinkinder bestimmt war. Wie oft hatte sie ihn von dort weggeholt, wenn er sich daran zu schaffen machte. Nun hatte er den unbeobachteten Moment genutzt und war in Windeseile hinaufgestiegen. Eilig rannte sie zu dem Klettergerüst. »Sebastian, wie bist du da hinaufgekommen?«, rief sie. »Bin klettert«, kam es von oben. Doch nun klang es nicht mehr ganz so stolz wie der Ruf vorhin. Der Kleine klammerte sich an einem Holzpfosten fest, der in der Mitte einer winzigen Plattform, auf der er stand, in die Höhe ragte und auf dem eine kleine Fahne im Wind flatterte. »Mama – Angst«, kam es jetzt kleinlaut von oben. Marion schossen innerhalb einer Sekunde verschieden Möglichkeiten durch den Kopf, was sie jetzt tun könnte: Laut um Hilfe rufen – es war sonst niemand mehr auf dem Spielplatz – ihren Mann anrufen oder den Notruf 112 wählen … Nein, es blieb für all das keine Zeit, sie musste ihr Kind retten. »Bleib, wo du bist, Sebastian,« hörte Marion sich rufen, »halt dich gut fest, Mama holt dich runter.« Ohne weiter nachzudenken, kletterte sie das Gerüst hinauf. Ihre Angst war wie weggeblasen, sie hatte nur ein Ziel, und das stand da oben und weinte jetzt. Beruhigend sprach Marion zu Sebastian – oder vielleicht auch zu sich selbst, das war nicht so genau zu unterscheiden –: »Mama ist gleich da, brauchst keine Angst zu haben, mein Schatz, halt dich einfach schön fest.« Beherzt stieg sie höher und höher, ihre Hände fanden Halt an Seilen, Streben und Stangen, ihre Füße setzte sie wie automatisch. Schließlich kam sie oben an. Sie schaute sich nicht um, blickte nicht hinunter, sie sah nur das kleine verweinte Kindergesichtchen ihres Buben. Nun war sie auf Augenhöhe bei ihm, kam ihm ganz nah und er ließ den Pfahl los und legte ihr die kleinen Arme um den Hals. Mit einem Arm drückte sie ihn an sich. »Du musst dich jetzt ganz gut an der Mama festhalten«, sagte sie zu ihm, obwohl das überflüssig gewesen wäre, denn er hing an ihr wie ein kleiner Klammeraffe. Sie spürte wie sich seine Beinchen um ihre Taille schlangen und sich seine Hände in ihrem Nacken verkrallten. Langsam und bedacht machte sie sich mit ihm an den Abstieg. Sebastian war nun ganz ruhig, als wolle er sie nicht bei ihrer schwierigen Aufgabe in ihrer Konzentration stören. Unten angekommen, ließ sie sich mit ihm auf die Wiese sinken. Sebastian sprang auf, als sei nichts gewesen, und lief zurück zu seinen Sandförmchen. Marion saß im Gras. Wie in Trance schaute sie ihrem Sohn nach. Sie spürte den sicheren Boden unter sich, atmete tief und langsam, und konnte nicht fassen, was sie soeben erlebt hatte. Sie spürte nur eine tiefe innere Ruhe in sich.

Gesprächsimpulse

- Kennen Sie die Ängste dieser jungen Frau?
- Haben Sie einmal etwas Ähnliches erlebt?
- Können Sie Höhe gut vertragen oder haben Sie Höhenangst?
- Steigen Sie gern auf Türme, um sich die Umgebung von oben anzusehen?
- Konnten Sie früher problemlos auf Leitern steigen, oder war Ihnen das unangenehm?
- Sind Sie als Kind auf Bäume geklettert?
- Haben Sie beruflich Leitern benutzt oder sich in großer Höhe aufgehalten?

- Welche berühmten Türme kennen Sie?
- Haben Sie sie einmal aus der Nähe gesehen?
- Erinnern Sie sich an einen Turm, auf den Sie gestiegen sind? Wo war das?

- Sind Sie gern auf Berge bis zum Gipfel gestiegen oder auch geklettert?
- Nehmen Sie in hohen Gebäuden den Fahrstuhl oder gehen Sie lieber Treppen?
- Benutzen Sie gern Rolltreppen?
- Früher hatte man in öffentlichen Gebäuden nicht Fahrstühle, sondern? (Paternoster)
- Erinnern Sie sich noch an ein Gebäude, in dem es einen Paternoster gab?

- »Aufstieg«, »Aufsteigen« werden auch im übertragenen Wortsinn als Begriffe verwendet. Hat beruflicher oder gesellschaftlicher Aufstieg für Sie eine Rolle gespielt?
- Haben Sie einmal ein Ziel verfolgt, das Sie unbedingt erreichen wollten?
- Hatten Sie einen Lebenstraum?

Quiz

Das Quiz kann mündlich oder schriftlich durchgeführt werden. Verwenden Sie dafür die Kopiervorlage. Lassen Sie unterschiedliche Antworten diskutieren, wo es sich ergibt.

Lösungen
1 B; 2 C in Dubai (Burj Khalifa, 830 Meter); 3 A; 4 B; 5 A; 6 C; 7 C; 8 B; 9 C, 10 B; 11 A; 12 B; 13 C; 14 A (eigentlich und ursprünglich allerdings nur Name der großen Glocke); 15 C; 16 A; 17 A (B ist falsch, es heißt Schanzentisch; C ist falsch, es fließen auch Haltung und Eleganz der Landung in die Wertung ein); 18 B

Übungen

Merktext

Der Turmbau zu Babel
Die Teilnehmenden werden aufgefordert, gut zuzuhören und sich möglichst viel zu merken. Die Gruppenleiterin liest den Text vor. Anschließend wird anhand der Fragen besprochen, was sich die Teilnehmenden gemerkt haben. Der Text kann auch diskutiert werden. Die Kursivsetzungen im Text markieren die Lösungswörter im Aufgabenblatt »Lückentext«.

Variante 1: Eine Teilnehmerin, die die Geschichte kennt, erzählt sie den anderen.

Variante 2: Turmbau zu Babel als Lückentext (siehe Aufgabenblatt 3)

Der Turmbau zu Babel (1. Mose 11,1–9)
In der *Übersetzung* nach Martin Luther (Fassung von 1984)

Es hatte aber alle Welt einerlei Zunge und *Sprache*. (2) Als sie nun nach Osten zogen, fanden sie eine Ebene im Lande Schinar und wohnten daselbst. (3) Und sie sprachen untereinander: Wohlauf, lasst uns Ziegel streichen und *brennen!* – und nahmen Ziegel als *Stein* und Erdharz als Mörtel (4) und sprachen: Wohlauf, lasst uns eine Stadt und einen *Turm* bauen, dessen Spitze bis an den *Himmel* reiche, damit wir uns einen Namen machen; denn wir werden sonst zerstreut in alle Länder. (5) Da fuhr der HERR hernieder, dass er sähe die *Stadt* und den *Turm*, die die Menschenkinder *bauten*. (6) Und der HERR sprach: Siehe, es ist einerlei Volk und einerlei Sprache unter ihnen allen und dies ist der *Anfang* ihres Tuns; nun wird ihnen nichts mehr *verwehrt* werden können von allem, was sie sich *vorgenommen* haben zu tun. (7) Wohlauf, lasst uns herniederfahren und dort ihre Sprache *verwirren*, dass keiner des anderen Sprache *verstehe!* (8) So zerstreute sie der HERR in alle Länder, dass sie *aufhören* mussten, die Stadt zu bauen. (9) Daher heißt ihr Name *Babel*, weil der HERR daselbst verwirrt hat aller Länder *Sprache* und sie von dort zerstreut hat in alle Länder.

Fragen zum Text

1. Wo in der Bibel steht dieser Text?
2. In welcher Übersetzung ist er hier abgedruckt?
3. Was wollten die Menschen bauen?
4. Womit begründen sie ihr Vorhaben?
5. Was waren die Steine für ihren Bau und wofür verwendeten sie Erdharz?
6. Als der Herr sieht, dass sie *ein* Volk sind mit einer gemeinsamen Sprache, was befürchtet er da?
7. Was tut er daraufhin?

Geschicklichkeitsspiel Turmbau

Die Teilnehmenden bekommen je etwa zehn Spielkarten und werden aufgefordert daraus einen Turm zu bauen. Wer höher bauen möchte und kann, bekommt weitere Karten.

Aufgaben

Merkbild – Aufgabenblatt 1

Die Collage wird gemeinsam betrachtet. Die Teilnehmenden erzählen spontan, was sie sehen und welche der Türme sie erkennen. Die Gruppenleiterin ergänzt Informationen zu den Türmen. Wenn alle sich die Bilder möglichst detailliert eingeprägt haben, wird das Blatt umgedreht und der Fragebogen zum Merkbild »Türme« ausgeteilt. Nun beantworten die Teilnehmenden die Fragen zunächst selbständig, dann werden die Antworten durchgegangen.

Variante: Nach dem Einprägen wird das Blatt umgedreht und die Teilnehmenden werden mündlich gefragt, woran sie sich erinnern. Das Gespräch beginnt als Brainstorming, die Gruppenleiterin fügt danach Fragen an.

Informationen zu den abgebildeten Türmen

1. Hochstand/Ansitz auf der Schwäbischen Alb, Baden-Württemberg.
2. Kernenturm: Aussichtsturm im Schurwald bei Stuttgart, Baden-Württemberg. Höhe 513 m. 1896 durch den Schwäbischen Albverein erbaut.
3. Ulmer Münster: im gotischen Baustil erbaut. 1890 wurde der 161 m hohe Turm fertiggestellt. Er ist der höchste Kirchturm der Welt.
4. Leuchtturm Hörnum auf Sylt. Er steht auf einer 16 Meter hohen Düne. Der 34 m hohe rote Turm trägt ein weißes Band.

5. Eiffelturm. 324 m hoch, Eisenfachwerkturm in Paris, wurde 1889 zur Weltausstellung fertiggestellt, zur Erinnerung an den 100. Jahrestag der Französischen Revolution.
6. Wasserturm Langeoog. 18 m hoch, Wahrzeichen von Langeoog
7. Schiefer Turm von Pisa. Wahrzeichen der Stadt Pisa, war als freistehender Glockenturm des Doms von Pisa gebaut worden. Grundsteinlegung 1173, zwölf Jahre später begann er sich zu neigen. 1372 vollendet.
8. Spielplatz auf der Insel Juist mit Klettertürmen.
9. Leuchtturm Kampen auf Sylt. Der weiße Turm trägt ein schwarzes Band. 1856 in Betrieb genommen.

Fragen zum Merkbild – Aufgabenblatt 2

Lösungen

1. Neun Fotos; 2. Eiffelturm und schiefer Turm von Pisa; 3. Vier: Leuchttürme auf Sylt, Wasserturm auf Langeoog, Spielplatz auf Juist; 4. Hochstand, Eiffelturm, Klettertürme; 5. Eiffelturm; 6. Kinderspielplatz; 7. Eiffelturm; 8. Ja: am Ulmer Münster und am schiefen Turm von Pisa; 9. Kernenturm; 10. Hochstand, Kernenturm, Ulmer Münster

Lückentext – Aufgabenblatt 3

Der Turmbau zu Babel (1. Mose 11, 1–9)

Bitte setzen Sie folgende Wörter an der jeweils richtigen Stelle in den Text ein:

Sprache – brennen – Turm – verstehe – Übersetzung – Babel – Stadt – verwehrt – Sprache – Stein – tun – Turm – Himmel – bauten – Anfang – verwirren – Stadt

Lösung

Der komplette Text ist weiter oben als Merktext abgedruckt. Die einzuordnenden Wörter sind kursiv gedruckt.

Zahlenturm – Aufgabenblatt 4

Finden Sie jeweils gleiche Zahlen, die zu dritt im Winkel zueinander stehen.

Bei dieser Aufmerksamkeit- und Konzentrationsaufgabe sollen die Teilnehmenden die jeweiligen Dreierkombinationen erfassen. Der Schwierigkeitsgrad lässt sich steigern, indem eine bestimmte Zeit vorgegeben wird, z. B. zwei Minuten.

Lösung

3	**2**	**2**	**5**	**5**	7	**7**	**7**
4	**3**	**2**	**2**	**5**	**5**	5	**7**
6	**3**	**3**	5	4	**8**	6	1
7	7	**9**	**9**	7	**8**	**8**	**1**
2	2	**9**	6	7	5	**1**	**1**
3	8	**4**	**5**	**5**	1	3	3
9	**4**	**4**	9	**5**	1	**0**	**0**
3	3	3	4	7	7	1	**0**
4	5	**6**	**6**	9	**8**	**8**	6
2	2	**6**	5	9	0	**8**	7
1	**8**	**8**	5	7	0	9	9
1	4	**8**	3	3	**4**	**4**	5
6	6	6	5	**1**	8	**4**	**2**
2	3	5	**1**	**1**	8	**2**	**2**

Gegenteile und Gegensätze – Aufgabenblatt 5

Bitte finden Sie zu jedem der folgenden Wörter ein Gegenteil oder einen möglichst starken Kontrast, wie z. B. hell–dunkel, Mann–Frau.

Manchmal gibt es mehrere Möglichkeiten, je nachdem, woran die Teilnehmenden denken. Besprechen Sie die unterschiedlichen Aussagen, und fragen Sie dabei nach den inneren Bildern, die zur jeweiligen Antwort geführt haben.

Lösungen:
1. hoch–tief; 2. steil–eben/flach; 3. senkrecht–waagrecht; 4. anstrengend–bequem; 5. aufragend–liegend; 6. schwebend–gegründet/verankert; 7. aufbauen–niederreißen; 8. steigen–sinken/fallen; 9. klettern–gehoben werden/stürzen; 10. hochziehen–herunterlassen; 11. abheben–landen; 12. stapeln–abtragen/abbauen; 13. Turm–Höhle; 14. Schlucht–Ebene; 15. Höhenangst–Höhenrausch; 16. Himmel–Erde; 17. Aufstieg–Abstieg/Fall/Untergang; 18. Hochhaus–Hütte; 19. Turmspitze–Turmfundament; 20. Kran–Bagger/Bohrturm

Buchstabenturm – Aufgabenblatt 6

Finden Sie so schnell wie möglich das Wort »Turm« in den Buchstabenreihen, ohne Groß- und Kleinschreibung zu berücksichtigen. Wie oft ist es insgesamt enthalten?

Lösung: 43 mal

1. Tmru**turm**urumturm**turm**trumruuumrtru**turm**trmu
2. TUMRTRUM**TURM**UR**TURM**URTUMRUTRT
3. umrurmtrumturtrtumrturrtumruturtrutmurutmrut
4. TUMUR**TURM**TRMUR**TURM**URTUR**TURM**
5. mrutmur**turm**umrtrumtur**turm**turtmu**turm**urt**turm**
6. **TURMTURM**TRUMTMRUTRUMRUTMURT
7. ttruMurTumrUrm**tUrm**tmurUTRmMurturt**turm**t
8. rmurm**tuRm**trummtrutTRuMruMR**Turm**urmtru
9. mrtumMUR**TUrM**urtRumtrummUR**TUrm**urtur
10. M**TURM**MruTmRUmru**tURm**urtmurm**TurM**ur

11. mur**tuRM**umtrTumrTRum**turmTuRm**truMrutm
12. urM**turm**trmu**TuRm**RumtTumrRurtmur**TurM**rt
13. **tUrm**tumrUrmtuR**turM**TrumTmuRtmurTmurtr
14. TuMRtumr**TurM**urtumrTrmutUmR**tUrM**utrum
15. MuttuMrUtmurTum**tuRM**rutmTumr**TUrm**tumr
16. TuMutRuMtUmRtMuRtMuTuMrUtMuRtUmR
17. RuTMur**TurM**tumrutUmR**tUrM**utrUmTuMrutu
18. MutuMru**tURM**urtrumtUmRutmuRtumRutTurT
19. turu**turm**umturumtrumtumturum**turm**u**turm**u**turm**
20. TUMURTURUMTUTURMU**TURM**TUTRUM

Vorangestellte Wörter – Aufgabenblatt 7

Finden Sie jeweils ein Wort, das den anderen vorangestellt werden kann.

Lösungswörter

1. Turm; 2. Wolken; 3. Hoch; 4. Fernseh; 5. Wasser; 6. Himmel; 7. Leucht; 8. Wind; 9. Leiter; 10. Kirch; 11. Nacht; 12. Hoch; 13. Sende; 14. Dach; 15. Leucht; 16. Steig; 17. Höhen; 18. Aussichts; 19. Himmels; 20. Panorama

Silbenrätsel »Hoch hinaus« – Aufgabenblatt 8

Bitte schreiben Sie die Lösungswörter auf die Zeilen neben den Umschreibungen. Es dürfen nur die Silben aus dem folgenden Vorrat verwendet werden. Streichen Sie durch, welche Sie verbraucht haben. Am Ende sollte keine der Silben übrig bleiben.

Lösungswörter

1 Karriereleiter; 2 Leuchtturm; 3 Aussichtsplattform; 4 Strickleiter; 5 Kirchturmspitze; 6 Wendeltreppe; 7 Stabhochsprung; 8 Paternoster; 9 Panoramablick; 10 Adlerhorst

Ausklang

Das Kinderfingerspiel werden vielleicht manche Ihrer Teilnehmenden mit ihren Kindern gespielt haben. Das Gedicht von Wilhelm Busch passt auch als Abschluss für eine Stunde zum Thema Tiere.

Kindergedicht
Steigt ein Büblein auf den Baum,
steigt so hoch man sieht es kaum.
Hüpft von Ast zu Ästchen,
guckt ins Vogelnestchen.
Hei, da lacht es,
hei, da kracht es.
Plumps!
Da liegt es unten.

Fink und Frosch
Im Apfelbaume pfeift der Fink
Sein: pinkepink!
Ein Laubfrosch klettert mühsam nach
Bis auf des Baumes Blätterdach
Und bläht sich auf und quackt: »Ja ja!
Herr Nachbar, ick bin och noch da!«

Und wie der Vogel frisch und süß
Sein Frühlingslied erklingen ließ,
Gleich muß der Frosch in rauhen Tönen
Den Schusterbaß dazwischen dröhnen.

»Juchheija heija!« spricht der Fink.
»Fort flieg ich flink!«
Und schwingt sich in die Lüfte hoch.

»Wat!« ruft der Frosch, »Dat kann ick och!«
Macht einen ungeschickten Satz,

Fällt auf den harten Gartenplatz,
Ist platt, wie man die Kuchen backt,
Und hat für ewig ausgequackt.

Wenn einer, der mit Mühe kaum
Geklettert ist auf einen Baum,
Schon meint, daß er ein Vogel wär,
So irrt sich der.

Wilhelm Busch

Quiz

Welche Antwort ist richtig? Bitte kreuzen Sie an.

1 Was ist der »Tower of London«?

( ) A der höchste Kirchturm Londons
( ) B eine Festung an der Themse
( ) C der Londoner Wasserturm

2 Wo steht der höchste Turm der Welt?

( ) A in New York
( ) B in Schanghai
( ) C in Dubai

3 Was ist ein Pulverturm?

( ) A militärisch genutzter Turm zur Aufbewahrung von Schießpulver
( ) B Turm zur Aufbewahrung von Mehl, der in der Nähe von Backhäusern errichtet wurde
( ) C Bezeichnung des Volksmunds für Herrscherdenkmäler, mit denen Adelige das Geld »verpulverten«

4 Was bezeichnet man als »Ground Zero«?

( ) A englische Bezeichnung für Erdgeschoss
( ) B Areal der zerstörten Zwillingstürme des World Trade Center in New York
( ) C unterstes Betonfundament bei Gebäuden

5 Was ist ein Fallturm?

( ) A ein Turm, in dem Schwerelosigkeit simuliert werden kann
( ) B ein Turm, in dem Fallschirmspringer Vorübungen machen, bevor sie aus den Flugzeugen springen
( ) C ein mit Wasser gefüllter Turm, den professionelle Apnoetaucher für Atemtrainings nutzen

6 In welchem Märchen spielt ein Turm eine zentrale Rolle?

( ) A Hans im Glück
( ) B Rumpelstilzchen
( ) C Rapunzel

7 Welche Tiere bauen sich turmartige Wohnstätten?

( ) A Ameisen
( ) B Biber
( ) C Termiten

8 Was ist die »Lange Anna«?

( ) A größte Frau der Welt, wurde 2,36 m groß und starb 2012
( ) B Felsenturm bei Helgoland
( ) C Leuchtturm auf Wangerooge

9 Wo steht der Hölderlinturm?

( ) A in Nürtingen
( ) B in Lauffen am Neckar
( ) C in Tübingen

10 Wozu dienen Leuchttürme?

( ) A als Aussichtstürme
( ) B als Sichtzeichen für Seefahrer
( ) C als Wohnanlagen mit Meerblick

11 Welche Tiere nutzen bevorzugt Türme als Nistplätze?

( ) A Falken
( ) B Amseln
( ) C Gänse

12 Wie hoch ist der höchste Turm, der je aus Legosteinen gebaut wurde?

( ) A 146,21 m
( ) B 29,97 m
( ) C 12,78 m

13 Wo steht der höchste Kirchturm der Welt?
( ) A in Rom
( ) B in Köln
( ) C in Ulm

14 Was ist der »Big Ben«?
( ) A volksmundliche Bezeichnung für den Elizabeth Tower in London
( ) B Spitzname für Ben Kingsley, den berühmten Schauspieler
( ) C Spitzname für Benjamin Copper, Basketballspieler in der britischen Nationalmannschaft mit 2,12 m Körpergröße

15 Was sind Zinnen?
( ) A Schießscharten
( ) B Becher aus Zinn
( ) C gemauerte Aufsätze auf Wehrgängen

16 Was ist ein Türmer?
( ) A Wächter, der von einem Turm aus die Umgebung beobachtet
( ) B flüchtiger Strafhäftling
( ) C kleiner Greifvogel, der in Turmmauern nistet

17 Skispringen – welche Aussage ist richtig?
( ) A auf der Skisprungschanze nimmt der Sportler Geschwindigkeit auf
( ) B vom Schanzenteller springt er ab
( ) C Sieger wird, wer am weitesten springt

18 Welche Aussage ist richtig
( ) A der Turm ist die wichtigste Figur im Mühlespiel
( ) B der Turm darf beim Schachspiel nicht diagonal bewegt werden
( ) C von der Platzierung des Turms hängt der Ausgang des Schachspiels ab

Aufgabenblatt 1 – Merkbild

Aufgabenblatt 2 – Fragen zum Merkbild

1. Wie viele Fotos enthält die Collage?

   ____

2. Welche der Türme stehen nicht in Deutschland?

   ____

3. Wie viele der Turmbilder wurden auf Inseln fotografiert?

   ____

4. Welche der Türme sind nicht gemauert?

   ____

5. Welcher Turm ist in der Mitte der Collage abgebildet?

   ____

6. Auf welchem der Fotos sind zwei Türme zu sehen?

   ____

7. Welcher Turm ist aus der Froschperspektive aufgenommen?

   ____

8. Sind auf den Bildern Menschen zu sehen?

   ____

9. Welcher der Türme steht im Wald?

   ____

10. Welche der Bilder wurden in Süddeutschland fotografiert?

    ____

Aufgabenblatt 3 – Lückentext

Der Turmbau zu Babel (1. Mose 11,1–9)

In der ________________ nach Martin Luther (rev. 1984)

Es hatte aber alle Welt einerlei Zunge und _________. (2) Als sie nun nach Osten zogen, fanden sie eine Ebene im Lande Schinar und wohnten daselbst. (3) Und sie sprachen untereinander: Wohlauf, lasst uns Ziegel streichen und ____________! – und nahmen Ziegel als ________ und Erdharz als Mörtel (4) und sprachen: Wohlauf, lasst uns eine Stadt und einen ______ bauen, dessen Spitze bis an den ____________ reiche, damit wir uns einen Namen machen; denn wir werden sonst zerstreut in alle Länder. (5) Da fuhr der HERR hernieder, dass er sähe die _________ und den _________, die die Menschenkinder ___________. (6) Und der HERR sprach: Siehe, es ist einerlei Volk und einerlei Sprache unter ihnen allen, und dies ist der ___________ ihres Tuns; nun wird ihnen nichts mehr _____________ werden können von allem, was sie sich _______________ haben zu tun. (7) Wohlauf, lasst uns herniederfahren und dort ihre Sprache ________________, dass keiner des anderen Sprache ____________! (8) So zerstreute sie der HERR in alle Länder, dass sie _____________ mussten, die Stadt zu bauen. (9) Daher heißt ihr Name __________, weil der HERR daselbst verwirrt hat aller Länder _____________ und sie von dort zerstreut hat in alle Länder.

Bitte setzen Sie folgende Wörter an der jeweils richtigen Stelle in den Text ein:

Sprache – brennen – Turm – verstehe – Übersetzung – Babel – aufhören – verwehrt – Sprache – Stein – vorgenommen – Turm – Himmel – bauten – Anfang – verwirren – Stadt

Aufgabenblatt 4 – Zahlenturm

Finden Sie jeweils gleiche Zahlen, die zu dritt im Winkel zueinander stehen.

Beispiel

3	3		
	3		5
		5	5
	2	2	
	2		

3	2	2	5	5	7	7	7
4	3	2	2	5	5	5	7
6	3	3	5	4	8	6	1
7	7	9	9	7	8	8	1
2	2	9	6	7	5	1	1
3	8	4	5	5	1	3	3
9	4	4	9	5	1	0	0
3	3	3	4	7	7	1	0
4	5	6	6	9	8	8	6
2	2	6	5	9	0	8	7
1	8	8	5	7	0	9	9
1	4	8	3	3	4	4	5
6	6	6	5	1	8	4	2
2	3	5	1	1	8	2	2

Aufgabenblatt 5 – Gegenteile und Gegensätze

Bitte finden Sie zu jedem der folgenden Wörter ein Gegenteil oder einen möglichst starken Kontrast, wie z. B. hell–dunkel, Mann–Frau.

1. hoch ______________________
2. steil ______________________
3. senkrecht ______________________
4. anstrengend ______________________
5. aufragend ______________________
6. schwebend ______________________
7. aufbauen ______________________
8. steigen ______________________
9. klettern ______________________
10. hochziehen ______________________
11. abheben ______________________
12. stapeln ______________________
13. Turm ______________________
14. Schlucht ______________________
15. Höhenangst ______________________
16. Himmel ______________________
17. Aufstieg ______________________
18. Hochhaus ______________________
19. Turmspitze ______________________
20. Kran ______________________

Aufgabenblatt 6 – Buchstabenturm

Finden Sie so schnell wie möglich das Wort »Turm« in den Buchstabenreihen, ohne Groß- und Kleinschreibung zu berücksichtigen. Wie oft ist es insgesamt enthalten?

1. mruturmurumturmturmtrumruuumrtruturmtrmu
2. TUMRTRUMTURMURTURMURTUMRUTRT
3. umrurmtrumturtrtumrturrtumruturtrutmurutmrut
4. TUMURTURMTRMURTURMURTURTURM
5. mrutmurturmumrtrumturturmturtmuturmurtturm
6. TURMTURMTRUMTMRUTRUMRUTMURT
7. ttruMurTumrUrmtUrmtmurUTRmMurturtturmt
8. rmurmtuRmtrummtrutTRuMruMRTurmurmtru
9. mrtumMURTUrMurtRumtrummURTUrmurtur
10. MTURMMruTmRUmrutURmurtmurmTurMur
11. murtuRMumtrTumrTRumturmTuRmtruMrutm
12. urMturmtrmuTuRmRumtTumrRurtmurTurMrt
13. tUrmtumrUrmtuRturMTrumTmuRtmurTmurtr
14. TuMRtumrTurMurtumrTrmutUmRtUrMutrum
15. MuttuMrUtmurTumtuRMrutmTumrTUrmtumr
16. TuMutRuMtUmRtMuRtMuTuMrUtMuRtUmR
17. RuTMurTurMtumrutUmRtUrMutrUmTuMrutu
18. MutuMrutURMurtrumtUmRutmuRtumRutTurT
19. turuturmumturumtrumtumturumturmuturmuturm
20. TUMURTURUMTUTURMUTURMTUTRUM

Aufgabenblatt 7 – Vorangestellte Wörter

Finden Sie ein Wort, das den folgenden Wörtern vorangestellt werden kann.

Beispiel: *Dunkel*	-blau	-ziffer	-kammer
1. ____________	-bau	-spitze	-springer
2. ____________	-los	-decke	-kratzer
3. ____________	-haus	-sprung	-parterre
4. ____________	-turm	-gerät	-mechaniker
5. ____________	-turm	-waage	-uhr
6. ____________	-hoch	-blau	-weit
7. ____________	-turm	-mittel	-farbe
8. ____________	-mühle	-richtung	-kraftwerk
9. ____________	-wagen	-sprosse	-konferenz
10. ____________	-turm	-hof	-gang
11. ____________	-wächter	-café	-programm
12. ____________	-sitz	-zeit	-spannung
13. ____________	-mast	-zeit	-turm
14. ____________	-fenster	-decker	-ziegel
15. ____________	-feuer	-turm	-mittel
16. ____________	-leitung	-bügel	-leiter
17. ____________	-angst	-weg	-rausch
18. ____________	-fernrohr	-turm	-plattform
19. ____________	-tür	-körper	-zelt
20. ____________	-weg	-blick	-bilder

Aufgabenblatt 8 – Silbenrätsel »Hoch hinaus«

Bitte schreiben Sie die Lösungswörter auf die Zeilen neben den Umschreibungen. Es dürfen nur die Silben aus dem Vorrat verwendet werden. Streichen Sie durch, welche Sie verbraucht haben. Am Ende sollte keine der Silben übrig bleiben.

BLICK – DEL – SPIT – NO – TER – AD – NOS – SICHTS – STRICK – TREP – TURM – KAR – TER – PLATT – HORST – RE – HOCH – LEI – PE – FORM – LER – RA – RIE – ZE – STAB – TER – LEI – WEN – TURM – LEUCHT – TER – SPRUNG – AUS – PA – PA – MA – KIRCH

1 Aufstieg zu beruflichem Erfolg: ______________________

2 Sichtzeichen für Seefahrer: ______________________

3 Platz mit Weitblick: ______________________

4 bewegliche Sprossenfolge: ______________________

5 höchster Punkt sakraler Gebäude: ______________________

6 spiralförmige Stufen: ______________________

7 Leichtathletiksportart: ______________________

8 frühe Form des Fahrstuhls: ______________________

9 Rundumsicht: ______________________

10 Nest eines großen Greifvogels: ______________________

Spiele

Material

Trinkgläser, Wasser, Kopien der Aufgabenblätter, Stifte, Memory-Spiel, Fühlsäckchen mit Inhalt, Kärtchen oder Zettel für die Fühlsäckchen-Übung und die Memory-Variante, Fragenkärtchen, Buntstifte für das Suchspiel im Buchstabenquadrat

Dekoration

verschiedenste Spiele, Spielfiguren, Murmeln, Bauklötze, Puppe, Teddys, möglichst altes Spielzeug, Memory-Karten, Brummkreisel, Jojo usw.

Einstimmung

Was wir gespielt haben

Das Spielen der Kinder war früher ganz anders als heute. Wenn man heutzutage in die überfüllten Spielzimmer schaut, erinnert nichts an unsere Kindheit. Die Zeiten waren andere. Ob man während des Krieges aufgewachsen ist oder kurz danach – es gab von allem wenig. Für Spielsachen wurde kein Geld ausgegeben, selbst wenn man etwas hatte.

Doch wie heißt es so schön? Not macht erfinderisch! Unsere Mütter nähten uns Puppen aus zerschlissenen Kleidern und Strümpfen. Manche Mutter konnte bei der Tauschbörse etwas für uns Kinder ergattern. Und wenn man Glück hatte, fand man auf dem Dachboden noch alte Spielsachen der Eltern.

Erfinderisch waren wir alle – auch die Kinder! Mit wie wenig konnten wir uns doch vergnügen! Ein langes Seil vom Händler an der Ecke diente uns zum Tauspringen. Hinkepinke, andernorts als »Hopsen« bekannt, war besonders bei den Mädchen beliebt. Wir malten uns Felder auf die Straße, die wir von eins bis zehn nummerierten. Dann warf man ein Steinchen immer auf die nächsthöhere Zahl und musste auf einem Bein über die Felder hopsen, ohne auf die Linien zu treten. Ja, wir konnten noch auf den Straßen spielen, es fuhren ja noch nicht so viele Autos wie heute.

Meine erste richtige Puppe war eine Zelluloidpuppe. Sie hatte zwar schon Schlafaugen, aber sie war hart und kalt und hatte keine Haare. Wie gern hätte ich eine weiche Puppe gehabt, die sich anschmiegt und die man richtig lieb haben kann! Die Arme waren mit Gummis am Leib befestigt. Kaum hatte ich die Puppe bekommen, riss ihr meine kleine Schwester schon die Arme ab.

Auf dem Schulhof tauschten wir Oblaten. Diese schönen bunten Bilder sammelten wir, und jedes hatte seinen Tauschwert, je nach Größe und Motiv. Von meinem Vater hatte ich ein Zigarrenkistchen bekommen, in dem ich sie aufbewahrte. Wir klebten sie uns auch gegenseitig in die Poesiealben.

Jo-Jos gab es bei uns auch schon; und den Ball. Damit spielten wir viele verschiedene Spiele, Fußball natürlich vor allem die Jungs. Bei Völkerball durften die Mädchen mitspielen; und Zuwerfen ging auch zu zweit. Die »Ballprobe« wurde ausgiebig geübt: Der Ball musste mit dem Kopf, dann mit der Brust, dem Arm, den Knien bis hinunter zu den Füßen gegen eine Wand geprellt werden. Wer es am öftesten schaffte, hatte gewonnen.

Die Jungs hatten ein besonderes Vergnügen. Sie spielten »Messerstechen«. Das klingt gefährlich, und es war eigentlich verboten. Deshalb war es wohl auch so reizvoll. Ein Messer zu haben war für die Jungen das Größte. Sie ritzten sich ein Feld in den Lehmboden, und warfen dann das Messer so, dass es im Boden stecken blieb. Um diesen Platz herum wurde ein Kreis gezogen, und der Abschnitt gehörte einem nun. Jeder versuchte, einen möglichst großen Bereich für sich zu gewinnen.

Wir hatten noch viele andere Spiele. Alles konnte uns zur Beschäftigung werden, wir hatten immer wieder neue Ideen. Wir sammelten, was die Natur hergab, an Blumen, Gräsern, Zapfen, Kastanien, Eicheln und spielten und bastelten damit. Im Winter bauten wir Schneeburgen und fuhren Schlitten. Im Sommer gingen wir oft schwimmen. Wir waren fast immer im Freien und unsere Eltern hatten bestimmt oft Sorge um uns. Aber wir waren ja viele Kinder und passten gegenseitig auf einander auf, die Größeren auf die Kleineren. Auch wenn es schwere Zeiten waren: Ich denke gern an meine Kindheit zurück.

Bei diesem Thema kommen die Teilnehmenden leicht ins Erzählen über ihre Kindheit.

Gesprächsimpulse

- Womit haben Sie als Kind gern gespielt?
- Welche Spielsachen gab es in Ihrem Kinderzimmer?
- Hatten Sie einen Puppenwagen? Einen Kaufladen?
- Erinnern Sie sich an Ihre Puppe? Gab es eine Lieblingspuppe?
- Womit spielten die Jungs am liebsten?
- Haben Jungen und Mädchen zusammen gespielt?
- Wurde in Ihrer Familie gespielt?
- Haben die Eltern mitgespielt? Bei welchen Gelegenheiten?
- Gab es manchmal Streit über die Spielregeln?
- Was spielten Sie als Kinder im Freien?

- ▹ Wie vergnügten Sie sich bei Regenwetter?
- ▹ Konnten Sie gut verlieren?
- ▹ Haben Sie manchmal geschummelt?
- ▹ Erinnern Sie sich noch an Abzählverse?

- ▹ Spielen Sie heute noch gern?
- ▹ Welche Spiele mögen Sie heute am liebsten?
- ▹ Was bedeutet Spielen für Sie – Zeitvertreib, Beschäftigung, Denksport, Spaß, Gemeinschaft?
- ▹ Waren Sie ab und zu in einem Spielcasino?

Quiz

- ▹ Bei welchem Spiel legt man dem anderen Steine in den Weg?
  - * Malefiz
- ▹ Bei welchem Spiel wirft man sich gegenseitig hinaus?
  - * Mensch ärgere Dich nicht
- ▹ Bei welchem Spiel bildet man Wörter aus Buchstaben?
  - * Scrabble
- ▹ Bei welchem Spiel muss man seine Figurenmannschaft auf die andere Seite des Spielbretts bringen?
  - * Halma
- ▹ Bei welchem Spiel gibt es viele Bauernopfer?
  - * Schach
- ▹ Bei welchem Spiel zählt die rote Drei 100 Punkte?
  - * Canasta
- ▹ Bei welchem Spiel gibt es ein großes Stäbchen-Durcheinander?
  - * Mikado
- ▹ Bei welchem Spiel wird mit zwei Würfeln gewürfelt?
  - * Backgammon
- ▹ Bei welchem Spiel ist das Ziel, drei Steine in eine Reihe zu bekommen?
  - * Mühle

- ▷ Bei welchem Spiel ist Kreuzbube der höchste Trumpf?
  - * Skat
- ▷ Für welches Spiel braucht man fünf Würfel?
  - * Kniffel bzw. Yahtzee
- ▷ Wie heißt das Spiel, bei dem Spielsteine mit gleichen Zahlenwerten aneinander gelegt werden?
  - * Domino
- ▷ Wie viele Karten hat ein Skatblatt?
  - * 32 Karten
- ▷ Wie viele Kegel werden auf einer Kegelbahn aufgestellt?
  - * Neun
- ▷ Was bedeutet Fullhouse?
  - * Fünferkombination bei Glücksspielen, bei der ein Zahlenwert dreimal, ein anderer zweimal vorkommt.
- ▷ Seit wann gibt es das Schachspiel in Europa?
  - * Spätestens seit dem 13. Jahrhundert. Es zu beherrschen gehörte zu den sieben Tugenden eines Ritters.
- ▷ Was bedeutet »pathologisches Spielen«?
  - * Auch zwanghaftes Spielen oder umgangssprachlich Spielsucht genannt: Unfähigkeit, dem Impuls zu Glücksspielen zu widerstehen, obwohl dadurch Schaden für die Person entsteht.

Übungen

Memory

Memory ist *das* Gedächtnistrainingsspiel an sich! Mit einer kleinen Gruppe können Sie es direkt nach den üblichen Spielregeln spielen.

Variante: Ein schönes Memory-Spiel wird mit den Bildern nach oben auf dem Tisch verteilt. Die Teilnehmenden suchen sich fünf Karten aus, die ihnen besonders gut gefallen. Sie legen sie verdeckt vor sich auf den Tisch. Nach der nächsten Übung bekommen alle ein Blatt Papier und schreiben aus der Erinnerung auf, welche Karten sie ausgewählt haben – natürlich ohne vorher noch einmal nachzusehen! Der Schwierigkeitsgrad lässt sich noch steigern, indem sich die Teilnehmenden auch die Position ihrer verdeckten Karten merken.

Ich packe meinen Koffer …

Auch dieses Spiel eignet sich hervorragend, um das Gedächtnis zu trainieren. Es geht so: Eine Teilnehmerin beginnt mit dem Satz »Ich packe meinen Koffer und nehme mit ….« Sie nennt einen Gegenstand. Der Satz wird nun von allen folgenden Teilnehmenden der Reihe nach wiederholt, jedesmal samt den bereits genannten Dingen, die die Teilnehmenden mitnehmen. Jede fügt einen Gegenstand an, sodass die Reihe der zu merkenden Dinge immer länger wird.

Lieblingsspielzeug

Die Teilnehmenden beschreiben sich gegenseitig das Lieblingsspielzeug ihrer Kindheit. Alle merken sich so viel wie möglich. Am Ende der Stunde wird in die Runde gefragt, was sich die Teilnehmenden von den anderen gemerkt haben.

Fühlsäckchen

Alle Teilnehmenden bekommen ein Fühlsäckchen, das mit zehn bis zwölf verschiedenen Spiele-Gegenständen gefüllt ist. Beispiele: Mensch-ärgere-Dich-nicht-Spielfigur, Schachfigur, Mühlestein, Scrabble-Stein oder Rummikub-Stein, Würfel, Holzbauklotz, Glasmurmel, Legostein, Zinnsoldat/Playmobil-Figur oder ähnliches, Matchbox-Auto, Flummi oder Tischtennisball, Gummitier … Achten Sie beim Befüllen darauf, dass die Gegenstände keine Spitzen oder scharfen Kanten haben, die zu Verletzungen führen könnten.

Die Teilnehmenden sollen, zunächst still für sich allein, in den Beutel greifen und die Gegenstände tastend erkennen, ohne in das Säckchen hineinzuschauen. Auf ihr Kärtchen schreiben sie, was alles darin enthalten ist. Anschließend wird aufgezählt, was sie ertastet haben.

Variante 1: Die Übung wird einfacher, wenn sie ausschließlich mündlich durchgeführt wird und alle spontan in die Runde sagen, was sie gerade ertasten.

Variante 2: Die Übung wird schwieriger, wenn die Teilnehmenden sich merken sollen, was sie ertastet haben und erst nach dem Weglegen des Säckchens aufschreiben, was alles darin enthalten ist.

Viele verschiedene Spiele

Nutzen Sie hierfür die Kopiervorlage »Fragekärtchen«.

Die Kärtchen werden verdeckt auf dem Tisch verteilt. Reihum oder auch in beliebiger Reihenfolge nehmen die Teilnehmenden eines der Kärtchen und zählen Spiele zum jeweiligen Stichwort auf. Die anderen ergänzen, welche ihnen einfallen.

Brettspiele
Mensch ärgere Dich nicht, Halma, Dame, Mühle, Schach, Malefiz

Kartenspiele
Skat, Doppelkopf, Elfer raus, Canasta, Rommé, Poker

Würfelspiele
Kniffel/Yahtzee, Mäxchen, Chicago

Ratespiele
Kreuzworträtsel, Sudoku, Schwedenrätsel, Quizspiele, Wer wird Millionär?, Trivial Pursuit, Heiteres Beruferaten, Ich sehe was, was du nicht siehst

Spiele im Freien
Fußball, Völkerball, Reifenschlagen, Seilspringen, Ballprobe, Hopsen (Hinkepinke), Höhlen, Baumhäuser oder Verstecke bauen, Räuber und Gendarm, Versteckspiel, Faules Ei, Fangen, Blinde Kuh

Spiele der Mädchen
Puppen, Puppenhaus, Kaufmannsladen, Gummitwist, Oblaten tauschen, Ballprobe, Hopsen, Gummitwist, Seilspringen

Spiele der Jungs
Fußball, Räuber und Gendarm, Messerstechen, Spielzeugautos, elektrische Eisenbahn, Pferdewagen

Spiele für Erwachsene
Skat, Canasta, Rommé, Doppelkopf, Schafkopf, Poker, Scrabble, Rummikub

Spiele, allein zu spielen
Patience legen, Briefmarken sammeln, Kreuzwort- und andere Rätsel, mit Puppen und Plüschtieren spielen, Basteln und Handarbeiten

Aufgaben

Merkbild mit Fragebogen – Aufgabenblätter 1 und 2

Haben Sie sich das Bild gut eingeprägt? Das können Sie anhand folgender Fragen überprüfen.

Lösungen
1. *Wir Kinder aus Bullerbü* von Astrid Lindgren; 2. ein weißes Schäfchen; 3. im hinteren Bildteil, aus bunten Bauklötzen; 4. ja: Kartenspiel, Würfelbecher; 5. drei Autos, ein Motorrad, eine Eisenbahn; 6. zwei; 7. zwei, ein blauer und ein grüner; 8. Bären, Hasen, Hund, schwarzes Schaf, Affe, Frosch; 9. zwei, Plüschfrosch und Gummikrokodil; 10. Wachsmalkreiden

Wimmelbild mit Fragebogen – Aufgabenblätter 3 und 4

Bitte sehen Sie sich das Foto an und beantworten Sie die folgenden Fragen.

Lösungen

1. Sechs weiße, fünf schwarze; 2. drei, abgesehen von den beiden Schachpferden: Esel, Schildkröte, Hund; 3. sechsmal; 4. an der rechten Seite grenzt die Vier an die Sieben; 5. 35; 6. 14 rote Würfel, 17 Murmeln; 7. FREUDE, aus Scrabblebuchstaben gelegt; 8. die Anordnung der Bauklötze

Finden Sie die Unterschiede – Aufgabenblatt 5

Die beiden Fotos werden mit einander verglichen und die Unterschiede benannt oder markiert.

Zwölf Unterschiede zwischen oberem und unterem Bild lassen sich finden

1. der Hund liegt andersherum
2. der weiße König fehlt
3. rotes und blaues Auto wurden getauscht
4. das Zahlenschiebespiel wurde verändert
5. der große weiße Würfel zeigt vier statt sechs Augen
6. die roten Blättchen im unteren Bildrand wurden durch weiße ersetzt
7. der oberste Mikadostab hat eine andere Richtung
8. die Sanduhr liegt umgedreht
9. ein gelber Würfel fehlt
10. links wurde ein zusätzlicher Dominostein angelegt
11. die weiße Murmel wurde durch einen Glaswürfel ersetzt
12. durch ein zusätzliches N ergibt sich das Wort FREUNDE

Augensuchspiel – Aufgabenblatt 6

Zählen Sie so schnell wie möglich alle Herzen, Sonnen und Monde in diesem Rechteck, ohne die Finger zu Hilfe zu nehmen. Addieren Sie danach alle Zahlen, die im Rechteck abgebildet sind.

♥ = 8x ☼ =10x ☾ = 9x Zahlen = 20

Dieses Spiel fördert die Konzentration. Man ist leicht verleitet, mit den Fingern auf die zu zählenden Symbole zu tippen, um keines auszulassen. Die geistige Leistung ist jedoch höher, wenn man dies nicht tut, sondern das Quadrat tatsächlich nur mit den Augen absucht.

Suchspiel Buchstabenquadrat – Aufgabenblatt 7

Verbinden Sie in diesem Buchstabenquadrat jeweils gleiche Buchstaben, die aneinander angrenzen, indem Sie die Felder mit einem Buntstift ausmalen. Das Lösungswort ergibt sich aus der Anordnung der Felder *und* den Buchstaben.

Lösungswort: Spielplatz

Die miteinander verbundenden Buchstaben ergeben das Wort »Spiel« in ihrer Anordnung. Die dazu verwendeten Buchstaben bilden das Wort »Platz«. Somit ergibt sich das Lösungswort Spielplatz.

Z	W	U	I	E	A	D	S	R	F	W	E	T	U	I	Z	R	S	W	U
G	I	H	J	K	L	M	E	H	G	R	H	J	R	P	T	M	A	T	S
H	B	P	P	P	P	N	T	M	N	K	P	A	T	G	A	B	Z	U	E
R	V	P	T	R	P	O	Z	A	S	A	H	F	Z	H	A	N	R	T	Q
J	U	P	Z	E	S	A	U	L	L	L	L	G	N	P	A	P	I	E	R
B	T	P	P	P	P	G	N	L	Q	R	L	B	M	S	A	E	K	O	T
N	E	R	U	L	P	M	A	L	A	T	L	K	L	W	A	T	L	S	G
M	A	P	T	K	P	R	H	L	L	L	L	W	V	Q	A	U	P	T	H
L	O	P	P	P	P	G	N	L	E	R	T	Z	S	T	A	R	E	A	J
F	Z	E	T	U	K	I	H	L	Z	H	B	M	D	E	S	W	Q	H	K
D	R	G	H	J	L	F	A	L	E	R	T	E	A	R	B	T	K	L	P
E	Z	M	A	S	B	N	P	T	A	J	Z	K	L	E	N	M	E	Z	N
B	G	T	T	T	T	A	X	Y	W	Q	Z	A	M	O	P	Q	R	S	A
P	H	T	I	K	L	B	U	E	L	A	Z	B	S	X	K	E	M	T	Z
Q	J	T	N	O	M	C	V	F	M	B	Z	C	T	Y	L	C	E	U	Y
R	K	T	T	T	P	D	W	G	O	C	Z	D	U	R	A	J	T	A	X
S	L	T	V	W	Q	E	A	H	N	D	Z	E	V	M	B	X	J	B	W
U	M	T	U	S	R	F	B	I	P	E	Z	Z	Z	Z	E	A	Q	C	V
V	N	T	T	T	T	G	C	K	Q	F	A	B	C	E	G	H	J	K	U
W	O	X	Y	Z	A	H	D	J	R	G	H	J	K	L	I	M	O	N	P

Wortsammlungen – Aufgabenblatt 8

Finden Sie möglichst viele Wörter, die das Wort »Spiel« am Anfang oder am Ende enthalten.

Lösungswortbeispiele

Spielzimmer, -brett, -figur, -vereinigung, -freude, -film, -ergebnis, -tisch, -leiter, -leitung, -bein, -platz, -casino, -trieb, -tag, -wiese, -feld, -kiste, -esammlung, -verderber, -mobil, -regel, -bank, -geld, -witz, -gruppe, -runde, -nachmittag

Kinderspiel, Karten-, Brett-, Würfel-, Ball-, Rate-, Wett-, Gewinn-, Quiz-, Fernseh-, Finger-, Vor-, Nach-, Orgelvor-, Vorrunden-, Rückrunden-, Heim-, Auswärts-, Such-, Puppen-, Freundschafts-, Hin-, Rück-, Theater-, Kammerspiel, Ballspielhalle

Theaterspielclub, Jugendspielclub, spielerisch, verspielt

Buchstabenrätsel – Aufgabenblatt 8

Bilden Sie aus diesen 9 Buchstaben möglichst viele Wörter. Finden Sie ein Wort, das alle 9 Buchstaben enthält?

E	E	P
G	L	U
S	Z	I

Lösungswortbeispiele

Ei, Eis, Eule, Egel, Pelz, Puls, Plus, Pilz, Gleis, Geiz, Lupe, See, Sieg, Spiel, Spiegel, Zug, Zeug, Ziege, Igel, Iglu

Lösungswort für alle 9 Buchstaben

Spielzeug

Brückenrätsel – Aufgabenblatt 9

Finden Sie jeweils ein Wort, das dem ersten angehängt und dem zweiten vorangestellt werden kann.

Lösungswörter

1. Brett; 2. Figur; 3. Wert; 4. Augen; 5. Zeug/Waren; 6. Wagen/Haus; 7. Stein; 8. Theater; 9. Spiel; 10. Murmel; 11. Zimmer; 12. Sport; 13. Spiel; 14. Dame; 15. Spielzeug; 16. Teddy; 17. Turnier; 18. Farbe/Karte; 19. Sport; 20. Bett

Vorworte – Aufgabenblatt 10

Bitte finden Sie jeweils ein Wort, das den anderen vorangestellt werden kann.

Lösungswörter

1. Kinder; 2. Spiel; 3. Schach; 4. Sieger; 5. Haupt; 6. Karten; 7. Kampf; 8. Mannschafts; 9. Spiel; 10. Puppen; 11. Glücks; 12. Bau; 13. Klein; 14. Tier; 15. Trumpf; 16. Würfel

Nachworte – Aufgabenblatt 11

Bitte finden Sie jeweils ein Wort, das den anderen angehängt werden kann.

Lösungswörter

1. Spiel; 2. Theater; 3. Karten; 4. Ball; 5. Figur; 6. Runde; 7. Springen; 8. Tier; 9. Kopf; 10. Farbe; 11. Stein; 12. Laden; 13. Brett; 14. Haus; 15. Training; 16. Puppe

Vier gewinnt! – Aufgabenblatt 12

Wie oft stehen in diesem Quadrat vier gleiche Symbole nebeneinander und zwar waagrecht, senkrecht oder diagonal?

Lösung

insgesamt 15-mal: ♣ 4-mal, ♥ 5-mal, ♠ 3-mal, ♦ 3-mal

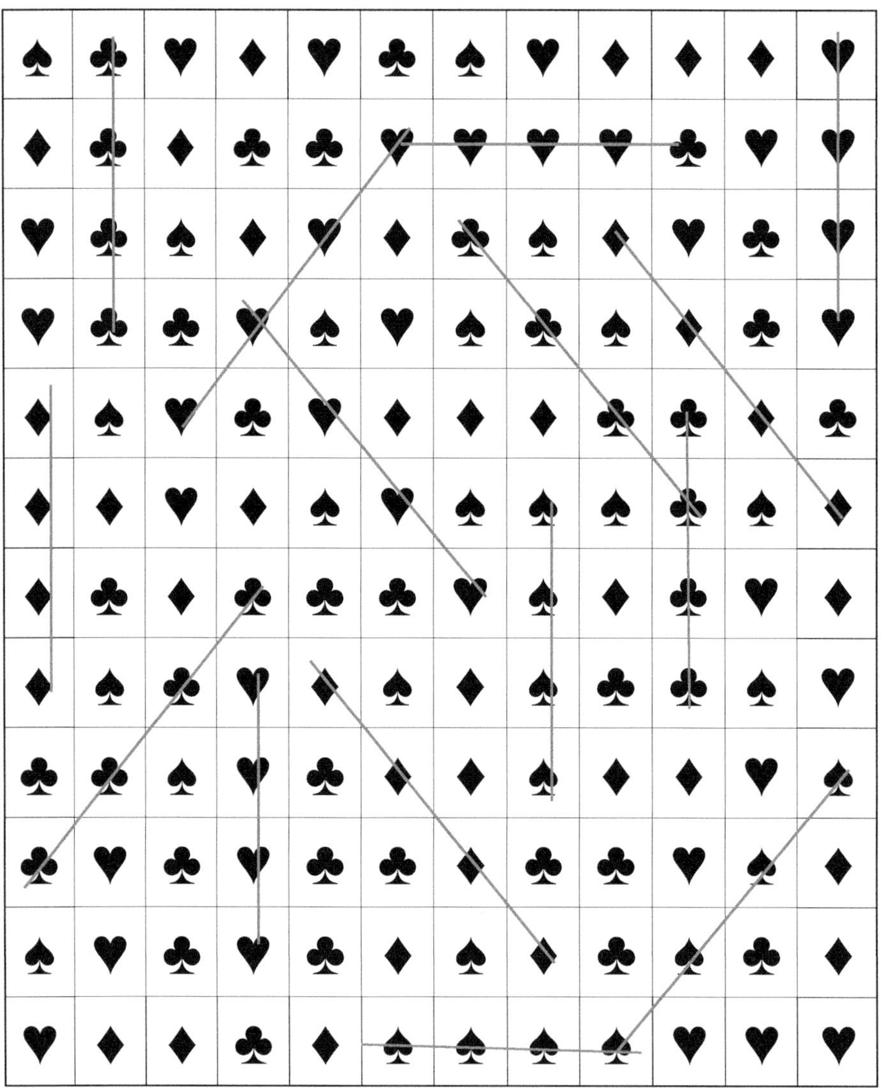

Was gehört zusammen? – Aufgabenblatt 13

Bitte verbinden Sie mit Linien die Wörter, die zusammengehören.

Lösungen

1. Mühle – Zwickmühle; 2. Schach – Turm; 3. Halma – überspringen; 4. Puppe – Kleid; 5. Fußball – Tor; 6. Mikado – Stäbe; 7. Domino – Zahlensteine; 8. Skat – Trumpf; 9. Golf – Schläger; 10. Canasta – Joker; 11. Malefiz – Wegsperre; 12. Kniffel – Würfel; 13. Poker – Bluffen; 14. Scrabble – Buchstaben; 15. Memory – Positionen merken; 16. Basketball – Korb; 17. Kasperle – Seppl; 18. Seil – springen; 19. Doppelkopf – Schellen; 20. Roulette – Kugel

Quartett – Aufgabenblatt 14

Bitte ordnen Sie die Begriffe den Bildern zu und schreiben Sie sie in die Felder daneben, sodass sich sinnvolle Quartette ergeben.

1 Bank – ausruhen – rot; 2 Kleberolle – befestigen – anhaftend; 3 Schneckennudel – schlemmen – süß; 4 Gartenpforte – öffnen – geschlossen; 5 Schubkarre – schieben – schwer; 6 Briefkasten – einwerfen – gelb; 7 Telefon – klingeln – laut

Würfelspaß – Aufgabenblatt 15

Alina und Matthias denken sich ein Spiel aus: Sie würfeln abwechselnd mit vier Würfeln. Wer hat am häufigsten die höchste Punktzahl?

Sieger dieses Spiels ist: Matthias, er erzielt 4x, Alina hat nur 3x höhere Punktzahl

Nun wollen sie den Schwierigkeitsgrad erhöhen und erfinden eine neue Regel: Die ungeraden Zahlen werden von den geraden abgezogen. Sieger ist wieder, wer am häufigsten die höhere Punktzahl erreicht.

Diesmal gewinnt: Alina, sie erreicht 3x, Matthias hat nur 2x höhere Punktzahl

Ausklang

Kindersand
Das Schönste für Kinder ist Sand.
Ihn gibt's immer reichlich.
Er rinnt unvergleichlich
Zärtlich durch die Hand.

Weil man seine Nase behält,
Wenn man auf ihn fällt,
Ist er so weich.
Kinderfinger fühlen
Wenn sie in ihm wühlen,
Nichts und das Himmelreich.

Joachim Ringelnatz

Kind, spiele
Kind, spiele!
Spiele Kutscher und Pferd! –
Trommle! – Baue dir viele
Häuser und Automobile! –

Koche am Puppenherd! –
Zieh deinen Püppchen die Höschen
Und Hemdchen aus! – Male dann still! –
Spiele Theater: »Dornröschen«
Und »Kasperle mit Schutzmann und Krokodil!« –

Ob du die Bleisoldaten
Stellst in die fürchterliche Schlacht,
Ob du mit Hacke und Spaten
Als Bergmann Gold suchst im Garten im Schacht,
Ob du auf eine Scheibe
Mit deinem Flitzbogen zielst, –––

Spiele! – Doch immer bleibe
Freundlich zu allem, womit du spielst.
Weil alles (auch tote Gegenstände)
Dein Herz mehr ansieht als deine Hände.
Und weil alle Menschen (auch du, mein Kind)
Spielzeug des lieben Gottes sind.

Joachim Ringelnatz

Die Schaukel
Auf meiner Schaukel in die Höh,
was kann es Schöneres geben!
So hoch, so weit: Die ganze Chaussee
und alle Häuser schweben.

Weit über die Gärten hoch, juchhee,
ich lasse mich fliegen, fliegen;
und alles sieht man, Wald und See,
ganz anders stehn und liegen.

Hoch in die Höh! Wo ist mein Zeh?
Im Himmel! ich glaube, ich falle!
Das tut so tief, so süß dann weh,
und die Bäume verbeugen sich alle.

Und immer wieder in die Höh,
und der Himmel kommt immer näher;
und immer süßer tut es weh
der Himmel wird immer höher.

Richard Fedor Leopold Dehmel

Viele verschiedene Spiele – Fragekärtchen

Brettspiele	**Karten- spiele**
Würfel- spiele	**Rate- spiele**
Spiele im Freien	**Spiele, allein zu spielen**

Spiele der Mädchen	Spiele der Jungs
Spiele für Erwachsene	

Aufgabenblatt 1 – Merkbild

Bitte sehen Sie sich das Bild an. Prägen Sie sich möglichst viele Details ein.

Aufgabenblatt 2 – Fragen zum Merkbild

Haben Sie sich das Bild gut eingeprägt? Das können Sie anhand folgender Fragen überprüfen:

1. Welches Buch ist abgebildet?

   ____

2. Wer schaut rechts hinten ins Bild?

   ____

3. Wo steht der Turm und woraus ist er gebaut?

   ____

4. Sind auf dem Bild Spiele zu sehen, die auch Erwachsene spielen?

   ____

5. An welche Fahrzeuge erinnern Sie sich?

   ____

6. Wie viele Puppen haben Sie gesehen?

   ____

7. Ist ein Ball abgebildet?

   ____

8. Erinnern Sie sich an Plüschtiere?

   ____

9. Ist ein grünes Tier zu sehen?

   ____

10. Was lädt hier zum Malen ein?

    ____

Aufgabenblatt 3 – Wimmelbild

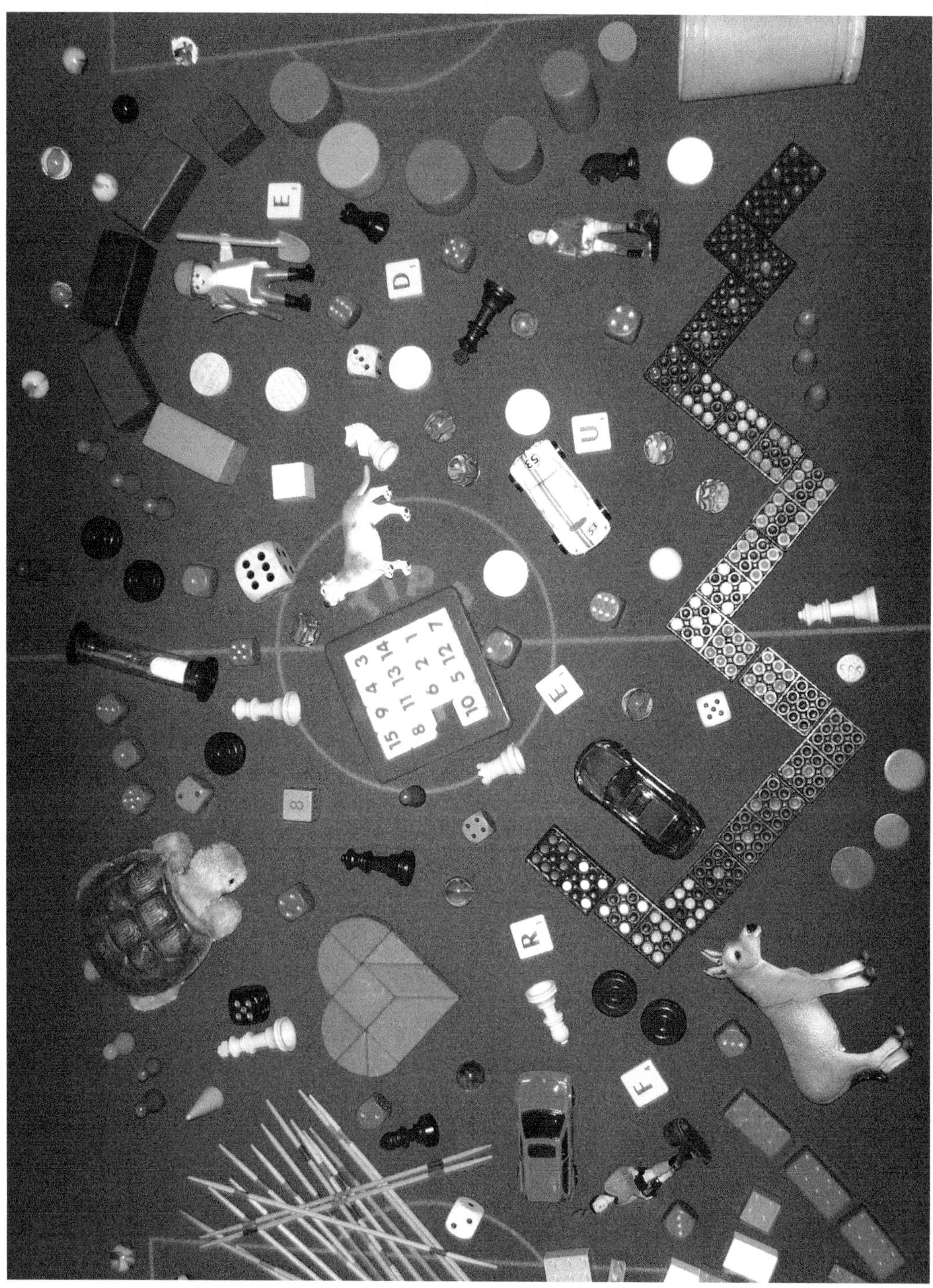

Aufgabenblatt 4 – Fragen zum Wimmelbild

Bitte sehen Sie sich das Foto an und beantworten Sie die folgenden Fragen.

1. Sind mehr schwarze oder mehr weiße Schachfiguren abgebildet?

   ____

2. Wie viele Tiere finden Sie?

   ____

3. Wie oft sind drei rote Gegenstände in einer Reihe zu sehen?

   ____

4. Finden Sie den Fehler beim Domino?

   ____

5. Welche Summe ergibt sich, wenn man die Augen und Zahlen aller Würfel, die nicht rot sind, zusammenzählt?

   ____

6. Gibt es mehr rote Würfel oder mehr Murmeln?

   ____

7. Finden Sie das Wort im Bild?

   ____

8. Entdecken Sie ein Fragezeichen?

   ____

Aufgabenblatt 5 – Finden Sie die Unterschiede

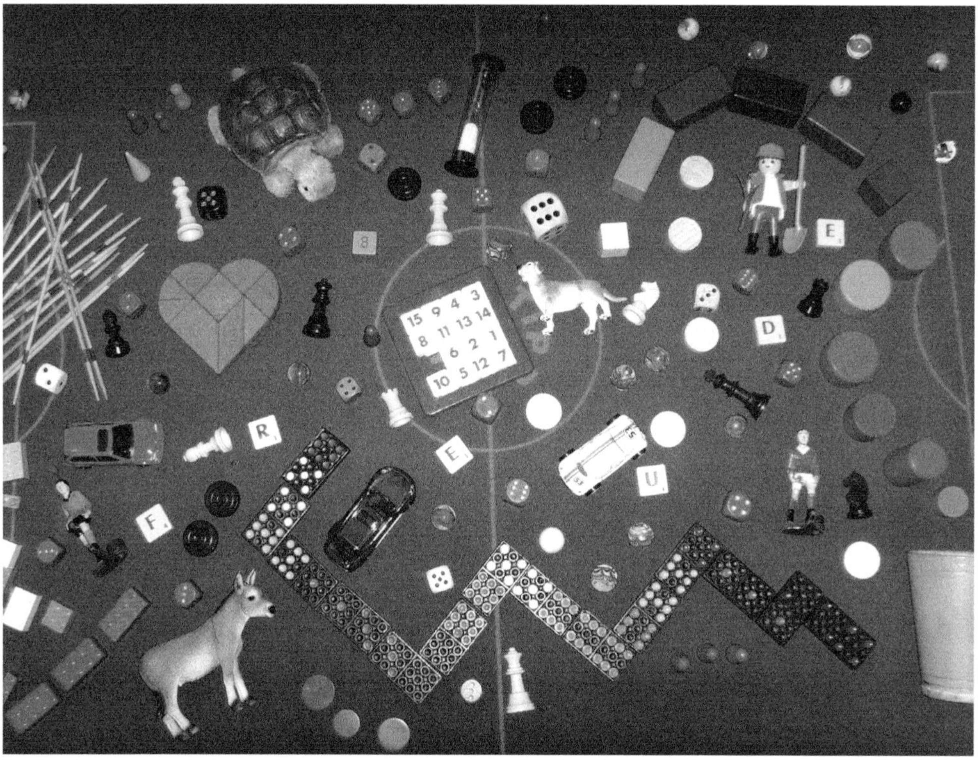

Aufgabenblatt 6 – Augensuchspiel

Zählen Sie so schnell wie möglich alle Herzen, Sonnen und Monde in diesem Rechteck, ohne die Finger zu Hilfe zu nehmen. Addieren Sie danach alle Zahlen, die im Rechteck abgebildet sind.

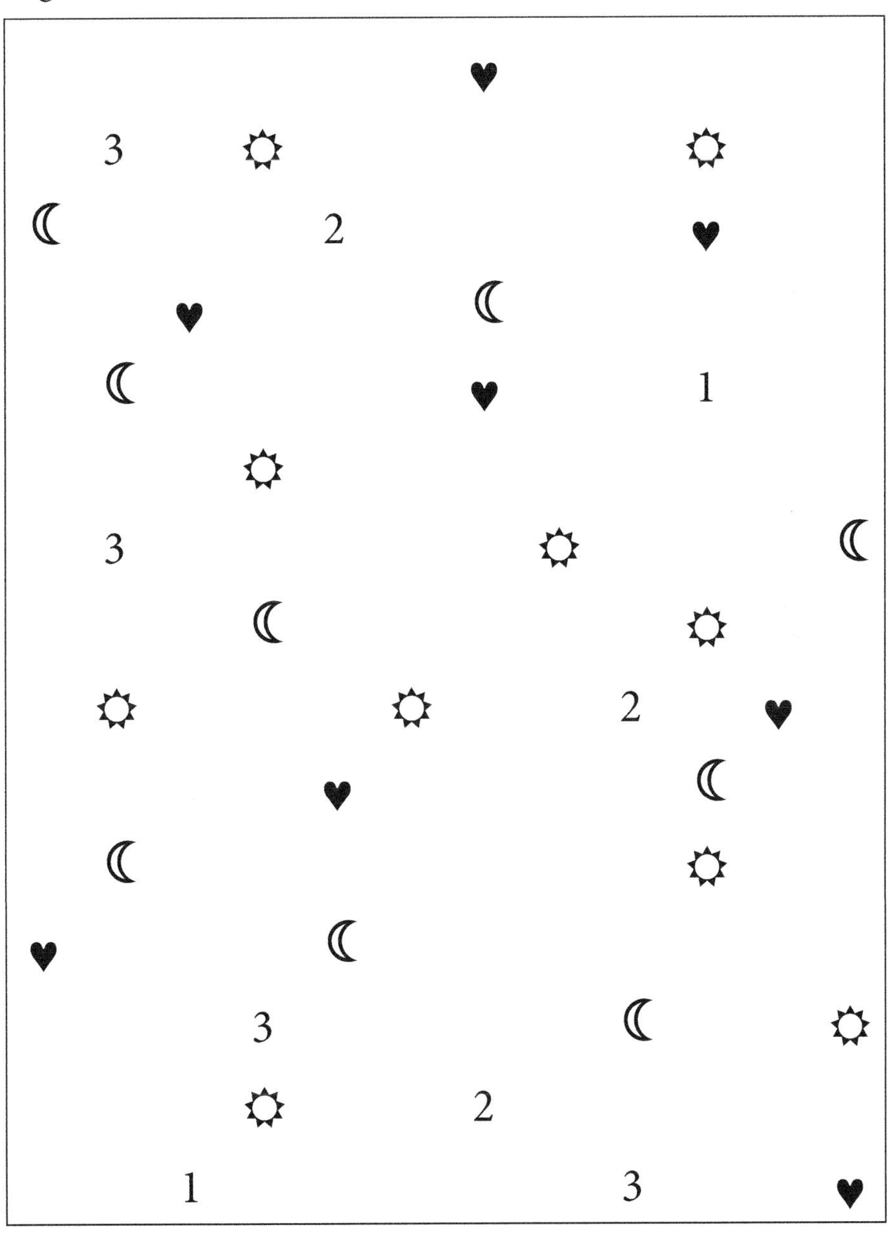

♥ = ☼= ☾= Zahlen =

Aufgabenblatt 7a – Suchspiel Buchstabenquadrat

Verbinden Sie in diesem Buchstabenquadrat jeweils gleiche Buchstaben, die aneinander angrenzen, indem Sie die Felder ausmalen. Das Lösungswort ergibt sich aus der Anordnung der Felder *und* den Buchstaben.

Beispiel: Hier wäre das Lösungswort ER.

A	R	R	R	R	A
H	R	B	C	D	B
J	R	R	R	E	C
N	R	F	G	H	I
S	R	J	K	R	L
X	R	R	R	R	M

Aufgabenblatt 7b – Suchspiel Buchstabenquadrat

Z	W	U	I	E	A	D	S	R	F	W	E	T	U	I	Z	R	S	W	U
G	I	H	J	K	L	M	E	H	G	R	H	J	R	P	T	M	A	T	S
H	B	P	P	P	P	N	T	M	N	K	P	A	T	G	A	B	Z	U	E
R	V	P	T	R	P	O	Z	A	S	A	H	F	Z	H	A	N	R	T	Q
J	U	P	Z	E	S	A	U	L	L	L	L	G	N	P	A	P	I	E	R
B	T	P	P	P	P	G	N	L	Q	R	L	B	M	S	A	E	K	O	T
N	E	R	U	L	P	M	A	L	A	T	L	K	L	W	A	T	L	S	G
M	A	Z	T	K	P	R	H	L	L	L	L	W	V	Q	A	U	P	T	H
L	O	P	P	P	P	G	N	L	E	R	T	Z	S	T	A	R	E	A	J
F	Z	E	T	U	K	I	H	L	Z	H	B	M	D	E	S	W	Q	H	K
D	R	G	H	J	L	F	A	L	E	R	T	E	A	R	B	T	K	L	P
E	Z	M	A	S	B	N	P	T	A	J	Z	K	L	E	N	M	E	Z	N
B	G	T	T	T	T	A	X	Y	W	Q	Z	A	M	O	P	Q	R	S	A
P	H	T	I	K	L	B	U	E	L	A	Z	B	S	X	K	E	M	T	Z
Q	J	T	N	O	M	C	V	F	M	B	Z	C	T	Y	L	C	E	U	Y
R	K	T	T	T	P	D	W	G	O	C	Z	D	U	R	A	J	T	A	X
S	L	T	V	W	Q	E	A	H	N	D	Z	E	V	M	B	X	J	B	W
U	M	T	U	S	R	F	B	I	P	E	Z	Z	Z	Z	E	A	Q	C	V
V	N	T	T	T	T	G	C	K	Q	F	A	B	C	E	G	H	J	K	U
W	O	X	Y	Z	A	H	D	J	R	G	H	J	K	L	I	M	O	N	P

Aufgabenblatt 8 – Wortsammlungen

Finden Sie möglichst viele Wörter, die das Wort »Spiel« am Anfang oder am Ende enthalten.

*Spiel*zimmer, ____

____

____

____

____

Kinder*spiel*, ____

____

____

____

____

Buchstabenrätsel

Bilden Sie aus diesen 9 Buchstaben möglichst viele Wörter. Finden Sie ein Wort, das alle 9 Buchstaben enthält?

E	E	P
G	L	U
S	Z	I

Aufgabenblatt 9 – Brückenrätsel

Finden Sie ein jeweils ein Wort, das dem ersten angehängt und dem zweiten vorangestellt werden kann. Ein Buchstabe zur Überbrückung darf eingefügt werden.

Beispiel:

	Herz	*König(s)*	Tochter
1.	Schach	______________	Spiel
2.	Spiel	______________	Problem
3.	Karten	______________	Sachen
4.	Würfel	______________	Schein
5.	Spiel	______________	Haus
6.	Puppen	______________	Dach
7.	Bau	______________	Bruch
8.	Kasperle	______________	Karte
9.	Rate	______________	Platz
10.	Glas	______________	Tier
11.	Kinder	______________	Tür
12.	Ball	______________	Verein
13.	Rollen	______________	Zeug
14.	Herz	______________	Schneider
15.	Holz	______________	Geschäft
16.	Plüsch	______________	Bär
17.	Skat	______________	Pferd
18.	Trumpf	______________	Spiel
19.	Mannschaft	______________	Platz
20.	Puppen	______________	Decke

Aufgabenblatt 10 – Vorworte

Bitte finden Sie jeweils ein Wort, das den anderen vorangestellt werden kann.

1.	__________-buch	-spiel	-garten	-wagen
2.	__________-platz	-waren	-zeug	-kiste
3.	__________-figur	-brett	-turnier	-spiel
4.	__________-ehrung	-pokal	-podest	-foto
5.	__________-gewinn	-figur	-straße	-haar
6.	__________-haus	-spiel	-verkauf	-leserin
7.	__________-geist	-sport	-hund	-platz
8.	__________-sport	-spiel	-arzt	-geist
9.	__________-regel	-tag	-geld	-film
10.	__________-bett	-wagen	-haus	-kleid
11.	__________-spiel	-pilz	-käfer	-schwein
12.	__________-stein	-herr	-markt	-klotz
13.	__________-kind	-garten	-vieh	-geld
14.	__________-film	-figur	-fell	-geschichte
15.	__________-ass	-farbe	-könig	-dame
16.	__________-spiel	-becher	-zucker	-auge

Aufgabenblatt 11 – Nachworte

Bitte finden Sie jeweils ein Wort, das den anderen angehängt werden kann.

1. Brett-	Kinder-	Schau-	Freundschafts-________
2. Figuren-	Puppen-	Kasperle-	Musik-______________
3. Skat-	Kino-	Rommé-	Theater-____________
4. Fuß-	Hand-	Kopf-	Völker-_____________
5. Spiel-	Traum-	Holz-	Schach-____________
6. Vor-	Rück-	Spiele-	Gesprächs-__________
7. Seil-	Turm-	Trampolin-	Fallschirm-__________
8. Kuschel-	Haus-	Plüsch-	Arbeits-____________
9. Doppel-	Schaf-	Locken-	Hinter-_____________
10. Spiel-	Mal-	Wand-	Wasser-____________
11. Stolper-	Edel-	Meilen-	Spiel-______________
12. Kauf-	Fenster-	Bauch-	Spielwaren-_________
13. Spiel-	Holz-	Schneide-	Regal-______________
14. Karten-	Gewand-	Rat-	Puppen-____________
15. Lauf-	Probe-	Fitness-	Gedächtnis-_________
16. Baby-	Glieder-	Holz-	Gelenk-____________

Aufgabenblatt 12 – Vier gewinnt!

Wie oft stehen in diesem Quadrat vier gleiche Symbole waagrecht, senkrecht oder diagonal nebeneinander?

♠	♣	♥	♦	♥	♣	♠	♥	♦	♦	♦	♥
♦	♣	♦	♣	♣	♥	♥	♥	♥	♣	♥	♥
♥	♣	♠	♦	♥	♦	♣	♠	♦	♥	♣	♥
♥	♣	♣	♥	♠	♥	♠	♣	♠	♦	♣	♥
♦	♠	♥	♣	♥	♦	♦	♦	♣	♣	♦	♣
♦	♦	♥	♦	♠	♥	♠	♠	♠	♣	♠	♦
♦	♣	♦	♣	♣	♣	♥	♠	♦	♣	♥	♦
♦	♠	♣	♥	♦	♠	♦	♠	♣	♣	♠	♥
♣	♣	♠	♥	♣	♦	♦	♠	♦	♦	♥	♠
♣	♥	♣	♥	♣	♣	♦	♣	♣	♥	♠	♦
♠	♥	♣	♥	♣	♦	♠	♦	♣	♠	♣	♦
♥	♦	♦	♣	♦	♠	♠	♠	♠	♥	♥	♥

Aufgabenblatt 13 – Was gehört zusammen?

Bitte verbinden Sie mit Linien die Wörter, die zusammengehören.

1. Mühle	Kleid
2. Schach	Stäbe
3. Halma	Würfel
4. Puppe	Trumpf
5. Fußball	Schläger
6. Mikado	Wegsperre
7. Domino	Joker
8. Skat	Turm
9. Golf	Zwickmühle
10. Canasta	überspringen
11. Malefiz	Tor
12. Kniffel	Zahlensteine
13. Poker	Korb
14. Scrabble	Schellen
15. Memory	springen
16. Basketball	Kugel
17. Kasperle	Bluffen
18. Seil	Positionen merken
19. Doppelkopf	Buchstaben
20. Roulette	Seppl

Aufgabenblatt 14 – Quartett

Bitte ordnen Sie die Begriffe den Bildern zu und schreiben Sie sie in die Felder daneben, sodass sich sinnvolle Quartette ergeben.

1				
2				
3				
4				
5				
6				
7				

Schubkarre – geschlossen – Telefon – süß – Bank – einwerfen – klingeln – Gartenpforte – schieben – Schneckennudel – ausruhen – gelb – rot – schlemmen – Kleberolle – befestigen – öffnen – schwer – Briefkasten – laut – anhaftend

Aufgabenblatt 15a – Würfelspaß

Alina und Matthias denken sich ein Spiel aus: Sie würfeln abwechselnd mit 4 Würfeln. Tragen Sie die jeweilige Punktzahl in die leeren Kästchen ein. Wer hat am häufigsten die höchste Punktzahl?

	Alina				Matthias				
	3	6	4	1	5	5	2	4	
	2	2	1	6	3	4	2	5	
	5	5	5	4	6	4	3	3	
	4	3	2	6	1	1	5	4	
	5	2	3	2	6	1	3	4	
	4	6	6	1	5	4	4	1	
	3	3	4	4	1	2	5	6	
	2	1	4	5	2	2	4	6	

Sieger dieses Spiels ist: ______________________

Aufgabenblatt 15b – Würfelspaß

Nun wollen die beiden den Schwierigkeitsgrad erhöhen und erfinden eine neue Regel: Die ungeraden Zahlen werden von den geraden abgezogen. Sieger ist wieder, wer am häufigsten die höhere Punktzahl erreicht.

	Alina				Matthias				
	1	3	4	6	5	2	4	1	
	2	2	4	5	6	4	1	1	
	6	2	1	3	4	2	3	1	
	4	2	2	2	6	6	5	1	
	2	4	3	1	4	4	1	2	

Diesmal gewinnt : ________________________

Zahlen

Material

Trinkgläser, Wasser, Kopien der Aufgabenblätter, Stifte, Farbstifte für Zahlenquadrat

Dekoration

Kinderzählmaschine, ausgeschnittene Zahlen in verschiedenen Größen und Schriftarten aus buntem Papier oder aus Zeitschriften, Zahlensteine aus Rummikub, Taschenrechner, Rechenstab

Einstimmung

Zahlen bitte!

Für mich teilt sich die Menschheit in zwei Spezies auf, die sich fremder nicht sein könnten. Nein, ich meine diesmal nicht den viel zitierten unüberbrückbaren Graben zwischen Mann und Frau, sondern die Unterscheidung in Zahlenmenschen und solche, die es nicht sind. Ich gehöre eindeutig zu letzteren. Falls Sie sich fragen, wie das bei Ihnen ist, stelle ich Ihnen folgenden Test zur Verfügung. Bitte beantworten Sie die Fragen spontan:

- Schreiben Sie Ihre Kontonummer und Bankleitzahl auswendig auf einen Überweisungsschein?
- Rechnen Sie Ihren Kassenbon an der Supermarktkasse nach?
- Berechnen Sie die genauen Mengenangaben, wenn Sie ein Kochrezept, das für drei Personen angegeben ist, für fünf kochen wollen?

Wenn Sie alle drei Fragen ohne zu zögern mit ja beantworten, sind Sie für mich ein Zahlenmensch.

Mein Mann gehört auch zu diesen für mich unbegreiflichen Wesen. Bei Zahlen beginnen seine Augen zu leuchten wie meine bei Karameleis. Er jongliert mit Zahlen so elegant, virtuos und atemberaubend wie ein Artist mit Bällen. Es gibt wohl wenige Menschen, die in ihrem Beruf so viel Erfüllung erleben wie mein Mann als Kämmerer. Er regelt die Finanzen unserer Stadt so souverän, als zählte er das Kleingeld in seinem Portemonnaie.

Seine Leidenschaft für Berechnungen macht auch vor dem Urlaub nicht halt. Wenn wir eine Bergwanderung unternehmen, errechnet er die voraussichtliche Dauer anhand der Strecke bis zum Gipfel unter Berücksichtigung der zu überwindenden Höhenmeter, unserer durchschnittlichen Laufgeschwindigkeit und Schrittlänge, abzüglich der vorgesehenen Pausen, und mit Hinblick auf die proportional zur zunehmenden Steigung und Sonnenstandshöhe abnehmenden Geschwindigkeit. Damit das Ganze auch für mich einen Sinn bekommt, ermittelt er außerdem noch den absoluten Kalorienverbrauch bei der Tour, selbstverständlich unter Einbeziehung der unterwegs verzehrten Jausen.

Wenn wir in einem Lokal gegessen haben, ruft mein Mann etwa mit der gleichen Vorfreude wie andere Männer sich ein Bier bestellen: »*Zahlen* bitte!« Ein Kellner fragte ihn einmal trocken: »Mit Essig und Öl oder lieber mit Zucker und Zimt?«. Seitdem sagt mein Mann in solchen Situationen nur noch: »Bringen Sie mir bitte die Rechnung.« Und im Stillen höre ich ihn ergänzen: »Und vergessen Sie nicht die

Mehrwertsteuer auszuweisen, und am besten fügen Sie noch eine genaue Aufstellung der enthaltenen Personal- und Sachkosten bei, inklusive Preissteigerungsrate, Einfluss der aktuellen Börsenentwicklung und Prognose des Bruttosozialprodukts für das laufende Jahr!« Aber das sagt er natürlich nicht laut.

Ich frage mich manchmal, warum wir Menschen so unterschiedlich sind. Ich kann mir nicht einmal die Quadratmeterzahl unserer Wohnung oder das Geburtsjahr meiner Großmutter merken. Vielleicht hat er als Kind nicht Buchstabensuppe sondern Zahlensuppe zu essen bekommen. Gab es das? Ich vermute eher, dass es an den Genen liegt, und dass er die gleiche Suppe gelöffelt hat wie alle anderen Kinder auch. Aber wenn sie mit Wonne aus den glitschigen Buchstaben ihre Namen an den Tellerrand schoben, war es bei ihm wahrscheinlich der Satz des Pythagoras.

Einführende Sätze

Menschen können sich Dinge unterschiedlich leicht merken. Manche haben beispielsweise ein hervorragendes Gedächtnis für Gesichter, können aber die dazu gehörenden Namen nicht behalten. Andere kennen noch viele Gedichte, die sie in ihrer Jugend gelernt haben. Wieder andere brauchen weder Telefonbuch noch Geburtstagskalender, weil sie ein gutes Zahlengedächtnis haben. Heute wollen wir uns mit Zahlen beschäftigen und ein paar Tricks dafür kennenlernen, wie man sie sich leichter merken kann.

Gesprächsimpulse

- Haben Sie ein gutes Zahlengedächtnis?
- Können Sie gut rechnen und mit Zahlen umgeben?
- Waren Sie in der Schule gut im Rechnen?
- Hatten Sie beruflich viel mit Zahlen zu tun?

- Was halten Sie von folgendem Satz: »Männer können besser mit Zahlen umgehen als Frauen.«

- ▹ Welche Zahlen muss man sich im Alltag merken?
- ▹ Telefonnummern, Geburtstage, Termine, Kontonummern, Postleitzahlen, Hausnummern …
- ▹ Macht Ihnen dies Schwierigkeiten?
- ▹ Kennen Sie wichtige Telefonnummern auswendig?
- ▹ Denken Sie an Geburtstage?
- ▹ Erinnern Sie sich an das Geburtsdatum Ihrer Eltern, an das Ihrer Kinder?
- ▹ Gibt es ein Datum, das Sie nie vergessen werden?
- ▹ Woran liegt das?

- ▹ Haben Sie eine Lieblingszahl?
- ▹ Haben Sie eine Glückszahl oder Unglückszahl?
- ▹ Sind Sie in dieser Hinsicht abergläubisch?
- ▹ Ein wichtiger Termin ist für Freitag, den 13., geplant. Würden Sie ihn verlegen?
- ▹ Haben Sie sich einmal mit Numerologie, Zahlenmystik oder dem Enneagramm beschäftigt?

- ▹ Lösen Sie gern Zahlenrätsel wie Sudoku?

Merkhilfen für Zahlen

Im Gespräch wird gemeinsam erarbeitet, wie man sich Zahlenfolgen, z. B. Telefonnummern oder Geburtstage, leichter merken kann.

Eselsbrücken

Reime ergeben oft gute Eselsbrücken. Eine Eselsbrücke hilft dabei, sich Zahlen oder Sachverhalte herleiten zu können oder sie sich fest einzuprägen. Reime sind hierfür sehr dienlich: 6x6 ist 36, ist der Lehrer noch so fleißig …; drei – drei – drei: bei Issos Keilerei.

Rhythmisieren
Um sich beispielsweise eine Telefonnummer zu merken, hilft es, sie in einem bestimmten Rhythmus zu sprechen. Beispiel: 931 31 49.

Man kann dies ausprobieren, indem man die eigene Telefonnummer in einem anderen Rhythmus zu sprechen versucht, als man dies gewöhnlich tut. Es fällt manchmal nicht leicht, dann noch zu erkennen, ob es wirklich die eigene ist.

Muster erkennen
Die Telefonnummer 23823 enthält vorn und hinten die 23, die Nummer 50151 enthält eine Rechenaufgabe (50+1=51), die Nummer 6829286 enthält eine Spiegelung, ebenso die Nummer 1174711, außerdem steckt hier auch noch das Kölnischwasser drin.

Aufschreiben
Viele Menschen können sich Zahlen, Namen oder Informationen besser merken, wenn sie sie geschrieben vor sich sehen, insbesondere, wenn sie sie selbst aufschreiben.

Wiederholen
Was man sich über einen längeren Zeitraum merken möchte, sollte man öfter wiederholen.

Mit Bekanntem verknüpfen
Einen Geburtstag kann man sich leichter merken, wenn es zufällig auch der eigene ist. So können Verknüpfungen mit Bekanntem helfen, sich etwas einzuprägen. Die Fantasie ist hier gefragt. Der 24.11. liegt genau einen Monat vor Heiligabend. Am 27.6. ist Siebenschläfer. Je mehr Wissen man hat, an das man Neues anknüpfen kann, desto besser.

Quiz

Dieses Quiz wird mündlich durchgeführt. Sie finden unter den Aufgaben ein weiteres Zahlenquiz, das Antwortmöglichkeiten zum Ankreuzen enthält und daher als Aufgabenblatt ausgeteilt wird.

▷ Was ist ein Rechenstab?
  * Ein mechanisches Hilfsmittel zur Durchführung von Rechenaufgaben. Er besteht aus zwei gegeneinander verschiebbaren Teilen.

▷ Seit wann gibt es den Taschenrechner?
  * 1967 wurde der erste elektronische Taschenrechner entwickelt. Er war etwa handflächengroß und wog 1,5 kg.

▷ Ist folgende Aussage richtig? Der Satz des Pythagoras lautet: »Ich weiß, dass ich nichts weiß.«
  * Die Aussage stimmt nicht. Der Satz des Pythagoras ist ein grundlegender Satz aus der Geometrie über die Seitenverhältnisse in rechtwinkligen Dreiecken ($a^2+b^2=c^2$). Der Satz »Ich weiß, dass ich nichts weiß« wird dem griechischen Philosophen Sokrates zugeschrieben.

▷ Braucht man für den Goldenen Schnitt ein Messer aus Edelmetall?
  * Nein, der Goldene Schnitt beschreibt in der Mathematik ein bestimmtes Teilungsverhältnis einer Strecke oder anderen Größe.

▷ Was bedeutet »Multiplikation«?
  * Vervielfachen, malnehmen.

▷ Wie heißen die vier Grundrechenarten?
  * Addition (dazuzählen), Subtraktion (abziehen), Multiplikation (malnehmen), Division (teilen).

▷ Wer war Adam Riese?
  * Ein deutscher Rechenmeister, eigentlich Adam Ries (1492–1559).

- ▹ Was bedeutet Π (Pi) in der Mathematik?
  - * Kreiszahl. Sie gibt das Verhältnis eines Kreises zu seinem Durchmesser an.
- ▹ Was ist eine Primzahl?
  - * Eine Zahl, die nur durch 1 und durch sich selbst geteilt werden kann. 1, 2, 3, 7, 11, 13, 17, 19, …
- ▹ Was bedeutet Wurzelziehen?
  - * Berechnen der Quadratwurzel einer Zahl. Das Quadrat erhält man, indem man die Zahl mit sich selbst multipliziert.

Übungen

Zahlenreihen Bedeutung geben

Was sagen Ihnen diese Zahlenfolgen?

Die Zahlen werden Ziffer für Ziffer vorgelesen, also beispielsweise zwei – null – eins – vier, nicht zweitausendvierzehn. Die Teilnehmenden sind auf diese Weise aufgefordert, vor ihrem inneren Auge das Gesamtbild, das sich aus den einzelnen Ziffern ergibt, entstehen zu lassen und auf die Bedeutung zu kommen. Wählen Sie für diese Übung die örtliche Postleitzahl und andere regionale Nummern, die den Teilnehmenden bekannt sein dürften.

2014 (aktuelles Jahr)
2412 (Datum von Heilig Abend)
007 (Agentennummer von James Bond)
28201 (hiesige Postleitzahl)
52550 (Telefonnummer der Einrichtung)
14014 (Taxiruf in Bremen)
112 (Notruf für die Feuerwehr)
4711 (Kölnischwasser)
0815 (Bezeichnung für Gewöhnliches)

Telefonnummer lernen

Die Teilnehmenden werden gefragt, ob sie eine Telefonnummer auswendig kennen. Eine Person, die es möchte, nennt diese. Sie erläutert, wie sie sich die Telefonnummer merken kann. Die Gruppenleiterin greift dies auf, ergänzt eventuell bestimmte Merkmale, erläutert Merkhilfen wie rhythmisches Sprechen, prägnante Zahlenfolgen usw. (siehe oben genannte Merkhilfen für Zahlen). Dann wird die Telefonnummer noch einmal genannt und die Teilnehmenden werden aufgefordert, sie nachzusprechen. Während der Gruppenstunde wird hin und wieder auf die Telefonnummer zurückgegriffen, was sehr erheiternd wirken kann. Am Ende wird noch einmal gefragt, wer sie sich inzwischen eingeprägt hat.

Aufgaben

Quiz – Aufgabenblatt 1

Dieses Zahlenquiz können die Teilnehmenden entweder zunächst für sich bearbeiten, oder es wird sofort gemeinsam in der Runde gelöst. Da jeweils drei Zahlen als Antwortmöglichkeiten angeboten werden, ist es einfacher, das Quiz vor Augen zu haben, als es nur mündlich durchzuführen.

Nur eine Antwort ist jeweils richtig. Bitte kreuzen Sie sie an.

Lösungen
1B: 40 074 km; 2B: 1969; 3C: 828 m; 4A: 8 848 m; 5A: höchstens eines; 6B: 3–4 Monate; 7B: 1 000–4 500 m; 8C: 86x105 m; 9A: 1989; 10C: 10 000 qm; 11B: 70-mal; 12A: ungefähr 28 g; 13B: 5

Knobelaufgaben – Aufgabenblatt 2

Lösungen

1. Miriam: Sie ist ca. 16 Wochen alt.
2. Uwe: Er benötigt insgesamt 50 Minuten, Rolf nur 47 Minuten.

3. Nein, es reicht nicht: Andrea und Martin haben zusammen nur 3,05 Euro bei sich.
4. Goethe erreichte ein höheres Alter: Er wurde knapp 83, Bach nur 75 Jahre alt.

Rätsel – Aufgabenblatt 3

Welche Zahl ist hier gesucht? Die Zahl dürfen Sie selbst herausfinden, beim Rest helfen einige Buchstaben auf die Sprünge.

Lösungen

1. Nimm zwei; 2. Neunmalklug; 3. Fünfe gerade sein lassen; 4. Einmal ist keinmal; 5. Im siebten Himmel; 6. Dreikäsehoch; 7. Alle neune!; 8. Siebenmeilenstiefel; 9. Sechser im Lotto; 10. Im Dutzend billiger; 11. Siebenschläfer; 12. Mit 66 Jahren; 13. In 80 Tagen um die Welt: 14. Siebzehn Jahr', blondes Haar; 15. 99 Luftballons; 16. Die Drei von der Tankstelle; 17. Aller guten Dinge sind drei; 18. Freitag, der Dreizehnte; 19. Die zwölf Geschworenen; 20. Mit 17 hat man noch Träume

Merkbild – Aufgabenblatt 4

Bei diesem Aufgabenblatt wird jeweils nur eines der beiden Felder betrachtet, während das andere abgedeckt oder nach hinten gefaltet wird. Es geht darum, sich die Zahlen im oberen Rechteck einzuprägen, und anschließend im unteren zu erkennen, welche der Zahlen verändert wurden.

Lösung

44 wurde in 45, 6 wurde in 9 verändert.

Variante: Zur starken Vereinfachung können Sie das Aufgabenblatt auch als Vergleichsbild verwenden. Die Teilnehmenden suchen die Unterschiede zwischen dem oberen und dem unteren Feld, indem sie beide offen vor sich haben und vergleichend betrachten.

Zahlenschlange – Aufgabenblatt 5

Wie oft ergibt sich die Summe 7 aus nebeneinanderliegenden Zahlen? Bitte streichen Sie alle Zahlenkombinationen, die die Summe 7 ergeben, an.

Lösung: 21-mal

1 2 4 5 9 2 5 1 3 4 7 4 5 8

2

9 4 3 5 6 2 4 1 2 1 3 5

1

6 4 5 3 2 2 4 1 3 5 6 1

2

5 1 2 8 4 3 2 6 3

1

2 3 2 4 1 5 6 2 1

3

2 3 1 5 2 6 4

4

1 3 2 5 4 3 9

Zahlenreihen – Aufgabenblatt 6

Hier geht es um Konzentration und Geschwindigkeit. Bitte unterstreichen Sie die Zahl **4327** in diesen Zahlenreihen. Wie oft ist sie darin enthalten?

1. 132874573879458794327215232123424612547823458
2. 847327437217687**4327**86563551312436547566353481
3. 65431232727548375874353487987**4327**324535647698
4. 774543254121217457481234376956958464623233059
5. 874734638493020918716262348729102938374764646
6. 72431642313478374646**4327**218293945005056069584
7. 763625242423513213567767709876542455676667767
8. **4327**23458824345645756742734974328431223546767
9. 765454453032938464562172192929838438475**4327**28
10. 298273719547826434876764634657643643638782347
11. 432854237347265421374372243174337342765347243
12. 5960743712472389584325647327**4327**4642176295803

Lösung: 7-mal

Kopfrechnen – Aufgabenblatt 7

Bitte ziehen Sie von den dreistelligen Zahlen in der Mitte jeweils 5 ab und rechnen Sie 7 hinzu.

-5		+7
118	*123*	*130*
149	154	161
231	236	243
256	261	268
340	345	352
373	378	385
407	412	419
484	489	496
499	504	511
532	537	544
661	666	673
688	693	700
720	725	732
751	756	763
843	848	855
868	873	880
937	942	949
976	981	988

Kettenrechnen – Aufgabenblatt 8

Bitte rechnen Sie die folgenden Aufgaben im Kopf. Statt der üblichen Rechenzeichen finden Sie ein Gesicht:

Das lächelnde Gesicht ☺ heißt addieren, also dazuzählen (+).
Das traurige Gesicht ☹ heißt subtrahieren, also abziehen (-).

Lösungen
a: 10; b: 5; c: 4; d: 6; e: 23; f:15; g: 32; h:37

Rechenzeichen + oder - ? – Aufgabenblatt 9

Bei den folgenden Rechenaufgaben fehlen die Rechenzeichen. Bitte setzen Sie + oder - so ein, dass das Ergebnis der Aufgabe stimmt!

Lösungen
a: +; b: + +; c: + -; d: - +; e: - + +; f: + + -; g: + - +; h: - + +

Silbenrätsel – Aufgabenblatt 10

Bitte schreiben Sie die Lösungswörter auf die Zeilen über den Umschreibungen. Es dürfen nur die Silben aus dem folgenden Vorrat verwendet werden. Streichen Sie durch, welche Sie verbraucht haben. Am Ende sollte keine der Silben übrig bleiben.

Lösungswörter
1 Sudoku; 2 Kopfrechnen; 3 Mathematik; 4 Geometrie; 5 Primzahlen; 6 Taschenrechner; 7 multiplizieren; 8 Summe

Zahlenquadrat – Aufgabenblatt 11

Verbinden Sie in diesem Zahlenquadrat jeweils gleiche Zahlen, die aneinander angrenzen, indem Sie die Felder ausmalen. Was entdecken Sie?

4	2	2	2	2	0	7	9	0	7	6	6	6	6	8	5
7	2	3	4	6	9	4	6	5	8	1	2	3	6	6	7
8	2	5	7	8	5	2	3	4	9	0	4	5	6	6	8
9	2	2	2	1	0	8	7	5	6	7	6	6	6	0	4
5	4	1	2	2	9	7	7	7	1	2	3	4	6	6	5
2	3	9	2	2	8	3	7	2	8	9	0	1	6	6	1
6	4	8	2	2	3	5	4	3	4	5	7	8	6	6	2
7	2	2	2	5	4	9	8	7	9	6	6	6	6	3	7
8	6	9	0	3	2	1	3	4	5	7	8	0	9	4	5
5	1	2	4	5	6	7	8	0	1	2	4	6	7	8	9
3	7	8	9	1	8	0	9	9	9	3	5	9	1	0	2
2	4	6	5	7	2	9	9	5	9	9	6	7	8	4	5
0	5	3	2	0	8	9	6	7	8	9	2	3	5	6	7
6	1	1	1	7	2	9	9	2	9	9	4	8	9	0	2
7	2	3	4	5	6	7	9	9	9	5	6	7	3	1	8
8	1	1	1	2	8	9	9	5	9	9	8	1	2	4	6
9	7	6	5	3	4	9	1	2	7	9	7	4	5	8	0
1	4	3	8	9	0	9	9	6	9	9	2	3	6	7	2
2	5	7	0	1	4	5	9	9	9	4	8	0	9	1	4

Lösung

Die Rechenaufgabe 5+3=8 erscheint, wenn alle aneinander grenzenden gleichen Zahlen ausgemalt werden.

Augensuchspiel – Aufgabenblatt 12

Tasten Sie so schnell wie möglich mit den Augen die Zahlen von 1 bis 20 in aufsteigender Reihenfolge ab. Zählen Sie danach die Sterne. Die Finger dürfen nicht helfen.

Lösung

14 Sterne

Vorworte – Aufgabenblatt 13

Finden Sie jeweils ein Wort, das den anderen vorangestellt werden kann.

Lösungwörter

1 Taschen; 2 Zahlen; 3 Drei; 4 Glücks; 5 Dreiecks; 6 Rechnungs; 7 Null; 8 Konto; 9 Erst; 10 Rechen; 11 Quadrat; 12 recht; 13 Tausend; 14 Kugel; 15 Viertel; 16 Nummern

Nachworte – Aufgabenblatt 14

Finden Sie jeweils ein Wort, das den anderen angehängt werden kann.

Lösungswörter

1 Zahlen; 2 Dreieck; 3 Preis; 4 Erhöhung; 5 Nummer; 6 Zahl; 7 Beitrag; 8 Folge; 9 Rechnung; 10 Pass; 11 Paar; 12 Betrag; 13 Schein; 14 Zähler; 15 Zeichen; 16 Tarif

Brückenrätsel – Aufgabenblatt 15

Finden Sie jeweils ein Wort, das dem ersten angehängt und dem zweiten vorangestellt werden kann.

Lösungswörter

1 Dreieck; 2 Blatt; 3 Taschen; 4 Viertel; 5 Band; 6 Ziffer; 7 Zahl; 8 Tarif; 9 Gewinn; 10 Nummern; 11 Meter; 12 Karten; 13 Preis; 14 Kopf

Ausklang

Hexeneinmaleins
»Du mußt versteh'n!
Aus Eins mach Zehn,
Und Zwei laß geh'n,
Und Drei mach gleich,
So bist Du reich.
Verlier die Vier!
Aus Fünf und Sechs,
So sagt die Hex',
Mach Sieben und Acht,
So ist's vollbracht:
Und Neun ist Eins,
Und Zehn ist keins.
Das ist das Hexen-Einmaleins!«

Johann Wolfgang von Goethe (aus *Faust I*)

Zum Schmunzeln
»Wußtest du schon, dass der Mensch nur ein Drittel seines Gehirns zum Denken benutzt?« »Interessant! Und was macht das andere Drittel?«

Der Lehrer zu den Schülern: »Was seid ihr nur für Dummköpfe! 90 % von euch sind in der Mathearbeit durchgefallen.« Ein Schüler vorlaut: »Aber Herr Lehrer, so viele sind wir doch gar nicht!«

Aufgabenblatt 1 – Quiz

Nur eine Antwort ist jeweils richtig. Bitte kreuzen Sie sie an.

1 Wie groß ist der Erdumfang am Äquator?

( ) A 9 560 km
( ) B 40 047 km
( ) C 78 560 km

2 Wann ist zum ersten Mal ein Mensch auf dem Mond gelandet?

( ) A 1956
( ) B 1969
( ) C 1986

3 Wie hoch ist das höchste Gebäude der Welt, der Wolkenkratzer Burj Khalifa in Dubai?

( ) A 667 m
( ) B 792 m
( ) C 828 m

4 Wie hoch ist der Mount Everest, der höchste Berg der Welt?

( ) A 8 848 m
( ) B 9 052 m
( ) C 10 340 m

5 Wieviele Eier legt ein Huhn an einem Tag?

( ) A höchstens 1
( ) B 1–2
( ) C durchschnittlich 3

6 Wie lang hält der Igel Winterschlaf?

( ) A 6 Wochen
( ) B 3–4 Monate
( ) C 6 Monate

7 Aus welcher Höhe springen Sport-Fallschirmspringer normalerweise?

( ) A 500 m
( ) B 1 000–4 500 m
( ) C 8 000–10 000 m

8 Wie groß ist ein Profi-Fußballfeld in der Regel?

( ) A 25 x 50 m
( ) B 43 x 89 m
( ) C 68 x 105 m

9 Wann war der Mauerfall?

( ) A 1989
( ) B 1998
( ) C 1999

10 Wie groß ist ein Hektar?

( ) A 1 000 Meter
( ) B 100 Kubikmeter
( ) C 10 000 Quadratmeter

11 Wie oft pro Minute schlägt das Herz beim erwachsenen Menschen normalerweise ungefähr?

( ) A 30-mal
( ) B 70-mal
( ) C 120-mal

12 Wie schwer ist eine Unze Gold?

( ) A ungefähr 28 g
( ) B ungefähr 280 g
( ) C ungefähr 28 mg

13 Wieviele Musiker spielen in einem Quintett?

( ) A 4
( ) B 5
( ) C 8

Aufgabenblatt 2 – Knobelaufgaben

1. Die zwei jungen Väter Eckart und Heiner begegnen sich beim Spaziergang mit ihren Kindern im Park und kommen ins Gespräch. »Unsere Leonie ist heute auf den Tag genau 15 Wochen alt,« sagt Eckart. »Unsere Miriam ist vier Monate alt,« sagt Heiner. Welches Kind ist älter?

____

2. Uwe und Rolf haben ihre Büros im selben Haus hinter dem Bahnhof. Uwe kommt jeden Tag mit seinem sportlichen Auto angebraust. Er braucht für den Weg, wenn alles glatt läuft und die Ampeln grün sind, 45 Minuten. Für die Parkplatzsuche kalkuliert er weitere 5 Minuten. Rolf fährt von zuhause aus mit dem Rad 8 Minuten zum Bahnhof, dann eine halbe Stunde mit der Bahn. Für den Fußweg benötigt er insgesamt 9 Minuten. Wer ist länger unterwegs?

____

3. Andrea und Martin kaufen zum Frühstück frische Brötchen. Sie kosten insgesamt 3,25 Euro. Beide haben nur etwas Kleingeld bei sich und legen zusammen. Andrea hat noch ein 50-Cent-Stück, vier 20-Cent-Münzen und drei 5-Cent-Stücke. Martin hat 1 Euro, ein 50-Cent-Stück und eine 10-Cent-Münze. Reicht das Geld für die Brötchen?

____

4. Johann Sebastian Bach lebte von 31.3.1685–28.7.1750, Johann Wolfgang von Goethe von 28.8.1749– 22.3.1832. Welcher der beiden erreichte ein höheres Lebensalter?

____

Aufgabenblatt 3 – Rätsel

Welche Zahl ist hier gesucht? Die Zahl dürfen Sie selbst herausfinden, beim Rest helfen einige Buchstaben auf die Sprünge.

1. Bonbon mit Aufforderung, sich noch einmal zu bedienen

   N__mm __ __ __ __

2. Jemand sehr Gescheites oder Altkluges ist gesucht

   __ __ __ __m__lkl__g

3. Wer faul ist, lässt …

   __ __ __ __e g__r__d__ s__ __n

4. Selbstberuhigung bei ganz seltenen Sünden

   »__ __ __m__l __st k__ __ __nm__l!«

5. Wer verliebt ist, befindet sich

   __m __ __ __ __t__n H__mm__l

6. Größenangabe in Milchprodukten bei Steppkes

   __ __ __ __ k__s__h__ch

7. Jubelruf bei erfolgreichem Kugelschieben

   »__ll__ __ __ __ __e!«

8. Um schnell voran zu kommen, sollte man sie haben

   __ __ __ __ __ __m__ __l__nst__ __f__l

9. Hauptgewinn bei einem Glücksspiel

   __ __ __ __er __m L__tt__

10. Bei welcher Stückzahl bekommt man den Rabatt?

    __m D__tz__nd b__ll__g__r

11. Ein Tag im Juni und ein Tier teilen sich den Namen

    __ __ __ __ __ __schl__f__r

12. Wann beginnt das Leben?

    M__t __ __ J__hr__n

13. Wie lang dauerte eine berühmte Weltreise?

    __n __ __ T__g__n __m d__ __ W__lt

14. Wie stand sie vor ihm?

    __ __ J__hr', bl__nd__s H__ __r

15. Was steigt bunt in den Himmel?

    __ __ L__ftb__ll__ns

16. Mit ihnen wäre das Tanken stets amüsant

    D__ __ __ __ __ __ v__n d__r T__nkst__ll__

17. Wieviel gibt es von allem Guten?

    __ll__r G__t__n D__ng__ s__nd __ __ __ __

18. Für manche ein Unglückstag

    Fr__ __t__g, d__r __ __.

19. Wer sollte der Wahrheit auf den Grund gehen?

    D__ __ __ __ G__schw__r__n__n

20. Wann träumt man?

    M__t __ __ h__t m__n n__ch Tr__ __m__

Aufgabenblatt 4 – Merkbild

Falten Sie das Blatt an der gestrichelten Linie oder decken Sie den unteren Teil ab. Prägen Sie sich nun die Zahlen im oberen Feld gut ein. Sie sollen sie anschließend unten wiedererkennen.

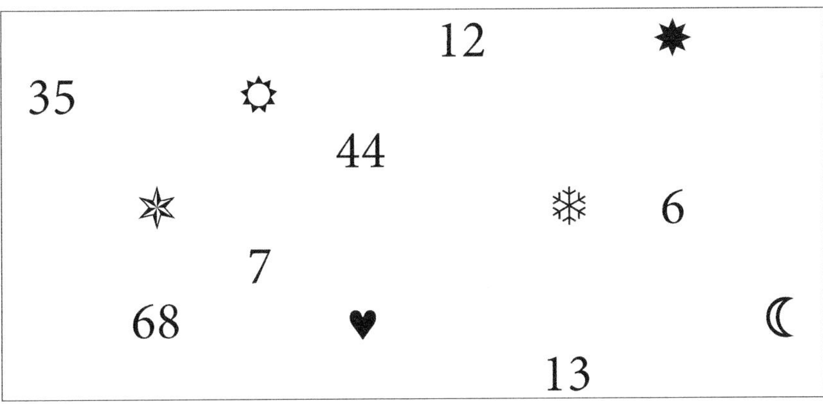

Auf diesem Bild wurden zwei Zahlen verändert. Welche sind es?

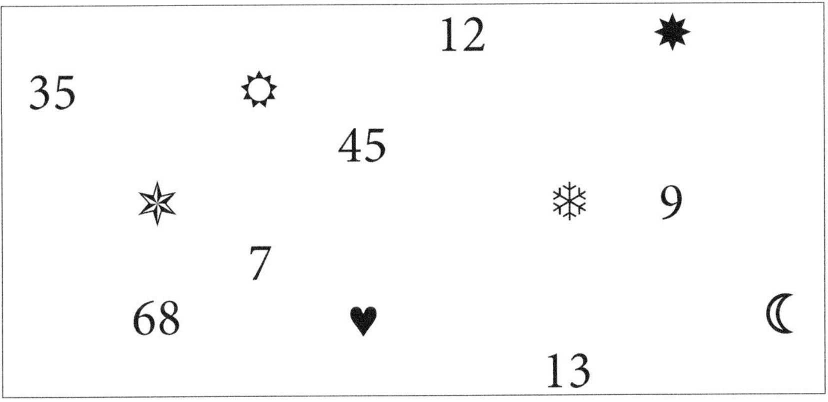

Aufgabenblatt 5 – Zahlenschlange

Wie oft ergibt sich die Summe 7 aus nebeneinander liegenden Zahlen? Bitte streichen Sie alle Zahlenkombinationen, die die Summe 7 ergeben, an.

~~1 2 4~~ 5 9 2 5 1 3 4 7 4 5 8

2

9 4 3 5 6 2 4 1 2 1 3 5

1

6 4 5 3 2 2 4 1 3 5 6 1

2

5 1 2 8 4 3 2 6 3

1

2 3 2 4 1 5 6 2 1

3

2 3 1 5 2 6 4

4

1 3 2 5 4 3 9

Aufgabenblatt 6 – Zahlenreihen

Hier geht es um Konzentration und Geschwindigkeit. Bitte unterstreichen Sie die Zahl **4327** in diesen Zahlenreihen. Wie oft ist sie darin enthalten?

1) 132874573879458794327215232123424612547823458
2) 847327437217687432786563551312436547566353481
3) 6541312327275483758743534879874327324535647698
4) 774543254121217457481234376956958464623233059
5) 874734638493020918716262348729102938374764646
6) 724316423134783746464327218293945005056069584
7) 763625242423513213567767709876542455676667767
8) 432723458824345645756742734974328431223546767
9) 765454453032938464562172192929838438475432728
10) 298273719547826434876764634657643643638782347
11) 432854237347265421374372243174337342765347243
12) 596074371247238958432564732743274642176295803

Aufgabenblatt 7 – Kopfrechnen

Bitte ziehen Sie von den dreistelligen Zahlen in der Mitte jeweils 5 ab und rechnen Sie 7 hinzu.

-5		+7
118	*123*	*130*
	154	
	236	
	261	
	345	
	378	
	412	
	489	
	504	
	537	
	666	
	693	
	725	
	756	
	848	
	873	
	942	
	981	

Aufgabenblatt 8 – Kettenrechnen

Bitte rechnen Sie die folgenden Aufgaben im Kopf. Statt der üblichen Rechenzeichen finden Sie ein Gesicht:

Das lächelnde Gesicht ☺ heißt addieren, also dazuzählen (+).

Das traurige Gesicht ☹ heißt subtrahieren, also abziehen (-).

a) 6 ☺ 4 =

b) 3 ☹ 2 ☺ 4 =

c) 5 ☺ 1 ☺ 3 ☹ 5 =

d) 10 ☹ 8 ☺ 5 ☺ 2 ☹ 3 =

e) 12 ☺ 5 ☺ 4 ☹ 3 ☹ 6 ☺ 11 =

f) 7 ☺ 3 ☺ 5 ☹ 2 ☹ 3 ☺ 8 ☺ 2 ☹ 5 =

g) 49 ☹ 9 ☺ 5 ☹ 10 ☺ 3 ☹ 6 ☺ 8 ☹ 10 ☺ 2 =

h) 32 ☹ 15 ☺ 7 ☺ 23 ☹ 12 ☹ 8 ☺ 17 ☹ 13 ☹ 5 ☺ 11=

Aufgabenblatt 9 – Rechenzeichen + oder - ?

Bei den folgenden Rechenaufgaben fehlen die Rechenzeichen. Bitte setzen Sie + oder - so ein, dass das Ergebnis der Aufgabe stimmt!

1. 7 __ 4 = 11
2. 6 __ 5 __ 3 = 14
3. 12 __ 8 __ 2 = 18
4. 16 __ 6 __ 3 = 13
5. 7 __ 4 __ 2 __ 5 = 10
6. 24 __ 2 __ 8 __ 12 = 22
7. 35 __ 45 __ 30 __ 10 = 60
8. 54 __ 12 __ 9 __ 7 = 58

Aufgabenblatt 10 – Silbenrätsel

Bitte schreiben Sie die Lösungswörter auf die Zeilen über den Umschreibungen. Es dürfen nur die Silben aus dem folgenden Vorrat verwendet werden. Streichen Sie durch, welche Sie verbraucht haben. Am Ende sollte keine der Silben übrig bleiben.

TA – THE – PRIM – SUM – GEO – RECH – DO – PLI – ZAH – ME – TIK – TI – LEN – MA – NER – SU – ZIE – KOPF – ME – RECH – TRIE – NEN – MA – SCHEN – MUL – REN – KU

____

1 ein Zahlenrätsel

____

2 Denksport mit Zahlen

____

3 Wissenschaft der Zahlen

____

4 Raumlehre in der Mathematik

____

5 Zahlen, die nur durch eins und durch sich selbst teilbar sind

____

6 elektrische Rechenhilfe

____

7 malnehmen

____

8 Ergebnis einer Addition

Aufgabenblatt 11 – Zahlenquadrat

Verbinden Sie in diesem Zahlenquadrat jeweils gleiche Zahlen, die aneinander angrenzen, indem Sie die Felder ausmalen. Was entdecken Sie dabei?

Beispiel

4	8	5	3	7	9
1	7	3	3	4	5
2	9	5	3	2	8
5	4	6	3	9	2
3	1	2	3	4	1
2	5	6	3	7	5

4	2	2	2	2	0	7	9	0	7	6	6	6	6	8	5
7	2	3	4	6	9	4	6	5	8	1	2	3	6	6	7
8	2	5	7	8	5	2	3	4	9	0	4	5	6	6	8
9	2	2	2	1	0	8	7	5	6	7	6	6	6	0	4
5	4	1	2	2	9	7	7	7	1	2	3	4	6	6	5
2	3	9	2	2	8	3	7	2	8	9	0	1	6	6	1
6	4	8	2	2	3	5	4	3	4	5	7	8	6	6	2
7	2	2	2	5	4	9	8	7	9	6	6	6	6	3	7
8	6	9	0	3	2	1	3	4	5	7	8	0	9	4	5
5	1	2	4	5	6	7	8	0	1	2	4	6	7	8	9
3	7	8	9	1	8	0	9	9	9	3	5	9	1	0	2
2	4	6	5	7	2	9	9	5	9	9	6	7	8	4	5
0	5	3	2	0	8	9	6	7	8	9	2	3	5	6	7
6	1	1	1	7	2	9	9	2	9	9	4	8	9	0	2
7	2	3	4	5	6	7	9	9	9	5	6	7	3	1	8
8	1	1	1	2	8	9	9	5	9	9	8	1	2	4	6
9	7	6	5	3	4	9	1	2	7	9	7	4	5	8	0
1	4	3	8	9	0	9	9	6	9	9	2	3	6	7	2
2	5	7	0	1	4	5	9	9	9	4	8	0	9	1	4

Aufgabenblatt 12 – Augensuchspiel

Tasten Sie so schnell wie möglich mit den Augen die Zahlen von 1 bis 20 in aufsteigender Reihenfolge ab. Zählen Sie danach die Sterne. Die Finger dürfen nicht helfen.

<table>
<tr><td>10</td><td></td><td></td><td>✶</td><td></td><td>17</td><td></td><td></td><td></td><td></td><td>✶</td></tr>
<tr><td></td><td></td><td></td><td></td><td></td><td></td><td></td><td></td><td>✶</td><td>3</td><td></td></tr>
<tr><td></td><td></td><td>✶</td><td>2</td><td></td><td></td><td></td><td></td><td></td><td></td><td>✶</td></tr>
<tr><td>18</td><td></td><td></td><td></td><td></td><td></td><td></td><td></td><td>16</td><td></td><td></td></tr>
<tr><td></td><td></td><td></td><td></td><td>✶</td><td></td><td>1</td><td></td><td></td><td></td><td>7</td></tr>
<tr><td></td><td>✶</td><td>8</td><td></td><td></td><td></td><td></td><td></td><td>✶</td><td></td><td></td></tr>
<tr><td></td><td></td><td></td><td></td><td></td><td>14</td><td></td><td></td><td></td><td></td><td>11</td></tr>
<tr><td>20</td><td></td><td></td><td>✶</td><td></td><td></td><td></td><td></td><td>9</td><td></td><td>✶</td></tr>
<tr><td></td><td>✶</td><td>4</td><td></td><td></td><td></td><td>19</td><td></td><td></td><td></td><td></td></tr>
<tr><td></td><td></td><td></td><td></td><td>✶</td><td></td><td></td><td></td><td></td><td>6</td><td></td></tr>
<tr><td></td><td>12</td><td></td><td></td><td></td><td></td><td></td><td>15</td><td></td><td></td><td></td></tr>
<tr><td></td><td></td><td></td><td>✶</td><td></td><td>5</td><td></td><td></td><td>✶</td><td></td><td></td></tr>
<tr><td></td><td></td><td></td><td></td><td></td><td></td><td></td><td></td><td></td><td></td><td>13</td></tr>
</table>

Aufgabenblatt 13 – Vorworte

Finden Sie jeweils ein Wort, das den anderen vorangestellt werden kann.

1.	_______-rechner	-uhr	-messer	-tuch
2.	_______-schloss	-reihe	-strahl	-gedächtnis
3.	_______-teiler	-viertel	-einigkeit	-dimensional
4.	_______-zahl	-tag	-kind	-moment
5.	_______-tuch	-beziehung	-komödie	-verhältnis
6.	_______-datum	-nummer	-adresse	-empfänger
7.	_______-punkt	-tarif	-lösung	-summenspiel
8.	_______-nummer	-auszug	-führung	-bewegung
9.	_______-klässler	-ligist	-ausgabe	-geborener
10.	_______-stil	-schieber	-aufgabe	-maschine
11.	_______-wurzel	-zahl	-latschen	-zentimeter
12.	_______-eckig	-gläubig	-schaffen	-zeitig
13.	_______-sassa	-füßler	-schönchen	-undeinenacht
14.	_______-lager	-gelenk	-stoßen	-schreiber
15.	_______-note	-finale	-stunde	-drehung
16.	_______-schild	-schloss	-konto	-revue

Aufgabenblatt 14 – Nachworte

Finden Sie jeweils ein Wort, das den anderen angehängt werden kann.

1.	Lotto-	Besucher-	Gewinn-	Verkaufs-__________
2.	Warn-	Geo-	Bermuda-	Autobahn-__________
3.	Nobel-	Einkaufs-	Verkaufs-	Sonder-__________
4.	Preis-	Steuer-	Renten-	Gehalts-__________
5.	Haus-	Telefon-	Konto-	Kunden-__________
6.	Rübe-	Glücks-	Jahres-	Stück-__________
7.	Text-	Monats-	Ermessens-	Unkosten-__________
8.	Rang-	Zahlen-	Reihen-	Unfall-__________
9.	Milchmädchen-		Arzt-	Bruch-__________
10.	Reise-	Doppel-	Fern-	Gebirgs-__________
11.	Ehe-	Schuh-	Socken-	Liebes-__________
12.	Spar-	Pauschal-	Bar-	Steuerfrei-__________
13.	Überweisungs-		Geld-	Sonnen-__________
14.	Gas-	Runden-	Wasser-	Strom-__________
15.	Frage-	Rechen-	Lebens-	Verkehrs-__________
16.	Spar-	Telefon-	Nacht-	Null-__________

Aufgabenblatt 15 – Brückenrätsel

Finden Sie jeweils ein Wort, das dem ersten angehängt und dem zweiten vorangestellt werden kann.

1. Bermuda ______________ Tuch
2. Ziffer ______________ Laus
3. Hosen ______________ Rechner
4. Drei ______________ Finale
5. Maß ______________ Nudel
6. Dunkel ______________ Blatt
7. Glücks ______________ Tag
8. Null ______________ Vertrag
9. Lotto ______________ Zahlen
10. Konto ______________ Schild
11. Kilo ______________ Maß
12. Zehner ______________ Verkauf
13. Nobel ______________ Erhöhung
14. Stecknadel ______________ Rechnen

Hochzeit

Material

Trinkgläser, Wasser, Kopien der Aufgabenblätter, Stifte, bei Verwendung des Wimmelbilds leere Kärtchen oder Zettel, für das Aufgabenblatt »Buchstabenfolge *ei* finden« evtl. Buntstifte

Dekoration

Brautpaar-Figur, kleines Kissen mit Ringen, Dekoherzen, -ringe oder -rosenblütenblätter, Brautmodenzeitschrift, Rosen, Dekoband, Einladungskarten, Tischkarten, Hochzeitsfotos

Einstimmung

Liebesheirat

Vor Kurzem war in der Zeitung von einem Paar zu lesen, das sich unter Wasser trauen ließ. Beide waren leidenschaftliche Taucher und glücklicherweise fanden sie einen Standesbeamten mit Tauchschein, der das mitmachte. Ein Artistenpaar habe sich auf dem Hochseil trauen lassen. Weiter hieß es, immer mehr Menschen wollten ihre Hochzeit zu einem beeindruckenden »Event« machen. Ja, es gebe sogar einen richtigen Wettbewerb in Freundeskreisen, darum, wer die originellste Hochzeit zelebriere. Ich schüttelte den Kopf, als ich das las. Gibt es das wirklich? Aus meinem Bekanntenkreis hatte ich eine ganz andere Geschichte gehört: Meine Freundin fragte ihre Tochter neulich, woher sie diesen schönen Ring habe. Die Tochter sagte, das sei ihr Ehering. Meine Freundin fragte sie, warum sie einen Ehering trage, wo sie doch gar nicht verheiratet ist. Die Tochter klärte sie darüber auf, dass sie seit drei Monaten verheiratet sei, darüber aber kein Aufhebens machen wollte, weil es rein steuerliche Gründe habe und sich zwischen ihr und ihrem Partner durch die Heirat nichts geändert habe. Sie würden sich noch immer genau so lieben wie vorher. Als ob das Heiraten das grundsätzlich in Zweifel zöge!

Noch eine andere Bekannte erlebte etwas, das mich sehr verwunderte: Ihre 19-jährige Tochter meldete sich am Telefon plötzlich mit einem Namen, den ihre Mutter weder verstand noch aussprechen konnte. Auf die Frage, was der Blödsinn solle, antwortete sie, sie habe geheiratet. Sie erwarte ein Kind von ihrem afrikanischen Freund. Um die Eltern ein wenig zu schockieren, habe sie ihn heimlich geheiratet. Wenn *wir* früher unsere Eltern hätten schockieren wollen, hätten wir ein Kind in die Welt gesetzt, *ohne* verheiratet zu sein. Wie die Zeiten sich ändern! Die einen wollen ein ausgefallenes Event, die anderen Steuern sparen, die Dritten ihre Eltern schockieren. Gibt es überhaupt noch Paare, die heiraten, einfach weil sie sich lieben – weil sie sich nichts mehr wünschen, als mit diesem einen Partner ihren Lebensweg zu beschreiten, mit ihm durch dick und dünn zu gehen, eine Familie zu gründen und irgendwann gemeinsam alt zu werden und auf ein gemeinsames Leben zurückblicken zu können? Irgendwie war das früher doch auch schön, als wir noch an die große Liebe glaubten.

Der Weg zur großen Liebe

Sich zueinander bekennen und die gemeinsame Liebe vor allen Menschen kundtun, das möchten alle, die sich trauen lassen. Doch bis es soweit ist, ist es oftmals ein langer Weg. Eine neue Studie hat jetzt herausgefunden, wo die meisten Menschen ihren zukünftigen (Ehe-)Partner kennenlernen. Wie der aktuelle Trendcheck »Wo sich Paare finden« im Rahmen der Jacobs-Krönung-Studienreihe »ZusammenLeben« zeigt, ist die erfolgreichste Kontaktbörse der eigene Freundeskreis. Gut jedes vierte Paar hat sich laut der repräsentativen Umfrage im Bekanntenkreis gefunden. Aber auch beim Ausgehen am Abend (16 %) und am Arbeitsplatz (11 %) stehen die Chancen gut, den Partner fürs Leben zu finden. Über die Hälfte der Beziehungen in Deutschland kommen bei diesen drei Gelegenheiten zustande. In der Zeit von Facebook & Co. gewinnen auch die sozialen Netzwerke an Bedeutung – jede zehnte Beziehung, die noch keine fünf Jahre besteht, ist über eines dieser Portale entstanden. Und das gilt keinesfalls nur für die erste große Liebe. Auch die Generation 45 + findet hier oftmals ein zweites großes Glück (NWZ-Beilage, Ausgabe 2013, »Love is in the air«).

Gesprächsimpulse

- ▹ Die Hochzeit ist der schönste Tag im Leben. Stimmt das?
- ▹ Erzählen Sie uns von Ihrer Hochzeit, den Vorbereitungen, dem Tag …
- ▹ Wie sah Ihr Brautkleid, Ihr Brautstrauß aus?
- ▹ Trugen Sie einen Schleier?
- ▹ An die Männer: Trugen Sie einen besonderen Anzug?
- ▹ Haben Sie kirchlich geheiratet?
- ▹ Erinnern Sie sich an Ihren Trauspruch?
- ▹ Gibt es eine Anekdote von Ihrer Hochzeit?
- ▹ Was gehörte zur Aussteuer?
- ▹ In welchem Alter haben Sie geheiratet?
- ▹ Wie und wo wurde gefeiert?

- ▷ Rituale: Welche haben Sie erlebt?
  - * Heiratsantrag
  - * Um die Hand anhalten
  - * Verlobung
  - * Der Vater führt die Braut zum Altar
  - * Heirat in Weiß
  - * Brautentführung

- ▷ Erinnern Sie sich an Ihre erste große Liebe?
- ▷ Wo haben Sie Ihren Mann/Ihre Frau kennengelernt?
- ▷ Haben Sie Ihre erste große Liebe geheiratet?
- ▷ Haben Sie noch alte Liebesbriefe?
- ▷ Haben Sie welche geschrieben und erhalten?
- ▷ Die eine große Liebe, gibt es die?

- ▷ Gab es Ihrer Meinung nach früher weniger Scheidungen als heute?
- ▷ Womit hängt das Ihres Erachtens zusammen?
- ▷ Viele Menschen heiraten heute nicht, sondern leben ohne diesen formalen Akt zusammen.
  Wie sehen Sie das? Halten Sie Heiraten für überholt oder ist es nach wie vor modern? Was würden Sie einem jungen Paar bei der Hochzeit mit auf den Weg geben?
- ▷ Was ist wichtig zum Gelingen einer Partnerschaft?

- ▷ Jubiläen: Welche haben Sie gefeiert und wie haben Sie sie gefeiert?
  - * Grüne Hochzeit (Tag der Hochzeit) – Silberhochzeit (25 Jahre) – Goldene Hochzeit (50 Jahre) – Diamantene Hochzeit (60 Jahre) – Gnadenhochzeit (70 Jahre) – Kronjuwelenhochzeit (75 Jahre)

- ▷ Verfolgen Sie die Hochzeiten prominenter Paare im Fernsehen oder in der Presse?
- ▷ Welche gab es da in letzter Zeit?

Quiz

- ▷ Ab welchem Alter ist man in Deutschland heiratsfähig?
  - * Die Ehemündigkeit beginnt mit 18 Jahren. In Ausnahmefällen kann sie bereits mit 16 Jahren erteilt werden, wenn der andere Partner über 18 Jahre alt ist und das Familiengericht die Genehmigung erteilt.
- ▷ Welche fünf Dinge soll die Braut – einem alten Brauch zufolge – an ihrer Hochzeit bei sich tragen?
  - * Etwas Blaues, etwas Geliehenes, etwas Geschenktes, etwas Altes, etwas Neues.
- ▷ Was ist ein Ehevertrag?
  - * Schriftlich fixierte Regeln, die sich die Ehepartner für ihre Beziehung geben, die insbesondere einen eventuellen Scheidungsfall betreffen.
- ▷ Welche Bedeutung haben die Brautjungfern?
  - * Ursprünglich sollten sie böse Geister von der Braut fern halten, in dem sie sich schöne Kleider anzogen und damit der Braut ähnlich sahen. So sollten sie die bösen Geister, die es möglicherweise auf die Braut abgesehen hatten, verwirren.
- ▷ Wieviele der Ehen werden in Deutschland wieder geschieden?
  - * Etwa ein Drittel aller Ehen wird wieder geschieden.
- ▷ In welchen Ehejahren ist die Scheidungswahrscheinlichkeit am höchsten?
  - * Die meisten Scheidungen werden nach sechs Ehejahren vollzogen. Aber auch lang dauernde Ehen werden heute häufiger als früher geschieden. Scheidungen nach 26 Jahren haben sich in den letzten 20 Jahren verdoppelt.[2]

---

2 Vgl. https://www.destatis.de/DE/ZahlenFakten/GesellschaftStaat/Bevoelkerung/Ehescheidungen/Ehescheidungen.html (Zugriff am 2.6.2014).

- ▷ Was bedeutet »Aufgebot« und wozu dient es?
  - * Öffentliche Bekanntmachung einer beabsichtigten Eheschließung. Es diente früher dazu, Gelegenheit zu geben, eventuell bestehende Ehehindernisse, wie eine bereits bestehende Ehe, zu melden.
- ▷ Was heißt Mitgift?
  - * Aussteuer, das »Mitgegebene«.
- ▷ Was bedeutet Lebenspartnerschaft?
  - * Umgangssprachlich »Homo-Ehe«. Der Ehe entsprechende Verbindung zwischen zwei gleichgeschlechtlichen Partnern/Partnerinnen.
- ▷ Was bedeutet Zölibat?
  - * In der christlichen Kirche das Versprechen, für das weitere Leben ehelos zu bleiben.
- ▷ Was bedeutet Polygamie?
  - * Vielehe, Duldung von gleichzeitigen eheähnlichen Beziehungen.
- ▷ Was ist eine Scheinehe?
  - * Eine formal gültige Ehe, die nicht den Zweck verfolgt, eine eheliche Gemeinschaft zu begründen, sondern lediglich rechtliche Vorteile, wie z. B. eine Aufenthaltsgenehmigung, zu erwirken.

Übungen

Merktext

Sie können den Text zur Einstimmung »Der Weg zur großen Liebe« auch als Merkgeschichte verwenden. Bitten Sie die Teilnehmenden, gut zuzuhören und sich möglichst viele von den im Text genannten Fakten und Aussagen zu merken. Nachdem Sie ihn vorgelesen haben, stellen Sie die folgenden Fragen.

Fragen zum Merktext

- ▷ Um welche Fragestellung kreist der Text?
  - * Um die Frage, wo sich Paare, die heiraten, kennengelernt haben.
- ▷ Bei welchen Gelegenheiten lernen über die Hälfte der Menschen ihre zukünftigen EhepartnerInnen kennen?
  - * Im Bekanntenkreis, beim abendlichen Ausgehen, am Arbeitsplatz.
- ▷ Was wird als die erfolgreichste Kontaktbörse bezeichnet?
  - * Der eigene Freundeskreis.
- ▷ Wieviele Paare kennen sich aus dem Bekanntenkreis?
  - * Etwa 25 % (ein Viertel).
- ▷ Wer hat die Studie durchgeführt?
  - * Die Jacobs-Krönung-Studienreihe »ZusammenLeben«.
- ▷ Welches neue Medium führt heute zu Partnerschaften?
  - * So genannte soziale Netzwerke (Internet).
- ▷ Finden sich hier nur junge Paare?
  - * Nein, auch in der Generation 45+ entstehen hier neue Partnerschaften.

Aufgaben

Knobelaufgabe – Aufgabenblatt 1

Diese Knobelaufgabe ist recht anspruchsvoll und zeitaufwändig. Sie eignet sich daher gut als Hausaufgabe für Personen, die Spaß am Tüfteln und Knobeln haben. Zur Beantwortung der Fragen müssen aus dem Text die entsprechenden Informationen herausgesucht und miteinander verknüpft werden.

Bitte beantworten Sie unten stehende Fragen anhand dieses Textes. Sie dürfen sich gern ein Blatt zu Hilfe nehmen, auf dem Sie sich Notizen machen.

Lösungen

1. Wie lauten die Geburtsjahre von Edith und Ulrich?
   * Edith: 1951, Ulrich: 1947.
2. Wie heißt das genaue Geburtsdatum von Frederik?
   * 7.7.77
3. In welchem Jahr wurde Helen geboren?
   * 1995 (25 Jahre nach der Heirat von Edith und Ulrich)
4. In welchem Alter wurde Edith Großmutter?
   * Mit 44 Jahren.
5. Wie alt war Helen, als sie zum ersten Mal ein paar Tage bei den Großeltern wohnte?
   * 5 Jahre alt.
6. Wie alt werden Justus und Joschka bei der Goldenen Hochzeit ihrer Großeltern sein?
   * 18 Jahre alt.
7. Wie alt war Frederik bei seiner Heirat?
   * 30 Jahre alt.
8. Wie viele Enkel haben Edith und Ulrich?
   * Fünf (Helen, Paul, Justus, Joschka und Anne).
9. Wie groß ist die Familie, wenn heute alle zusammen kommen?
   * 14 Personen: Edith und Ulrich, vier Kinder, drei Schwiegerkinder, fünf Enkel.

Wimmelbild – Aufgabenblatt 2

Das Wimmelbild wird gemeinsam betrachtet. Die Teilnehmenden äußern spontan, was ihnen dazu einfällt. Dann stellt die Gruppenleiterin folgende Fragen, zu denen das Bild weiterhin angeschaut werden darf. Es geht nicht um das Üben von Merkfähigkeit, sondern um genaues Hinschauen, Unterscheiden und um Konzentration.

▷ Welche unterschiedlichen Blumen erkennen Sie?
   * Rosen, Ranunkeln, Margeriten (eine davon aus Metall rechts im Bild), Sonnenblumen, Buschwindröschen im Kranz.

- ▷ Wieviele Schmetterlinge finden Sie?
  - * Neun
- ▷ Gibt es mehr Rosenblüten oder mehr Ranunkelblüten?
  - * Mehr Rosenblüten (fünf) als Ranunkelblüten (vier).
- ▷ Wie oft liegen drei Glasblumen in einer Reihe?
  - * Dreimal.
- ▷ Gibt es mehr Herzen oder mehr rote »Tiere«?
  - * Mehr Herzen (fünf) als rote Tiere (drei Marienkäfer, ein roter Schmetterling).
- ▷ Wieviele Süßigkeiten entdecken Sie?
  - * Insgesamt fünf: drei Bonbons, zwei Schokolade-Marienkäfer.
- ▷ Von welchem Baum stammen die Blätter?
  - * Buche

Variante: Das Wimmelbild kann auch als Merkbild verwendet werden. Dazu wird den Teilnehmenden das Bild und leere Zettel oder Kärtchen ausgeteilt. Sie sollen das Wimmelbild ein bis zwei Minuten lang betrachten und sich möglichst viel von dem, was abgebildet ist, einprägen. Dann wird es umgedreht. Auf die Zettel schreiben die Teilnehmenden alles, was sie sich gemerkt haben.

Lesegymnastik – Aufgabenblatt 3

Der Text kann in der Gruppe reihum gelesen oder als Hausaufgabe mitgegeben werden.

Der folgende Text ist schwer zu lesen. Versuchen Sie es trotzdem, denn das Gehirn kann die überflüssigen Buchstaben und Zahlen beim Lesen ignorieren.

Lösung

Ein Traum in weiß

Die Hochzeit soll der schönste Tag im Leben sein, so will es der Volksmund. Für die meisten Frauen gehört dazu nach wie vor ein weißes Brautkleid. Ob schlicht oder pompös, hochgeschlossen oder tief ausgeschnitten, mit langem oder kurzem Rockteil, gerade geschnitten oder weit ausgestellt, es gibt vielfältige Varianten in Schnitten und Stoffen. Und auch die Farbe ist unter einer ganzen Palette von Cremeweiß-Tö-en zu wählen. Hinzu kommen die Accessoires, von Schmuck über Brautstrauß und Handtasche bis zu den Schuhen. Beim Kopfschmuck hat die Braut die Wahl zwischen dem klassischen Schleier in variabler Länge und Ausgestaltung, einem Brautkranz oder einer schicken Frisur, in die auch Blumen integriert werden können. Manche Frauen bevorzugen auch einen verspielten Hut. Der Fantasie sind keine Grenzen gesetzt. So wird jede Frau am schönsten Tag ihres Lebens zur schönsten Frau der Welt.

Redewendungen – Aufgabenblatt 4

Zu Liebe, Heirat und Ehe kennt der Volksmund viele Redewendungen. Bitte verbinden Sie die Wörter der linken Seite mit denen der rechten so, dass sie zu diesen Redewendungen führen.

Lösungen

1. Liebe – erster: Liebe auf den ersten Blick
2. Bund – schließen: den Bund fürs Leben schließen
3. Hand – anhalten: um die Hand anhalten
4. Haussegen – schief: der Haussegen hängt schief
5. Liebe – blind: Liebe macht blind
6. Haube – bringen: jemanden unter die Haube bringen
7. verflixt – siebte: das verflixte siebte Jahr
8. siebter – Himmel: im siebten Himmel sein
9. rosarote – Brille: durch eine rosarote Brille sehen
10. Himmel – Geigen: der Himmel hängt voller Geigen

11. Jung – gereut: Jung gefreit, nie gereut
12. dick – dünn: zusammen durch dick und dünn gehen
13. Ja-Wort – geben: sich das Ja-Wort geben
14. Traualtar – treten: vor den Traualtar treten
15. Ringe – tauschen: miteinander Ringe tauschen
16. heiligen – Stand: in den heiligen Stand der Ehe treten

Variante: Sie können die Redewendungen auch mündlich sammeln. Durch die Stichwörter helfen Sie den Teilnehmenden auf die Sprünge.

Gleiche Paare finden – Aufgabenblatt 5

Diese Konzentrationsaufgabe ist recht anspruchsvoll, da zum Teil die gleichen Symbolpaare, aber mit vertauschter Position, abgebildet sind.

Welche der Paare sind mehrfach abgebildet? Bitte zählen Sie nur die Paare, bei denen Symbol *und* Position genau gleich sind.

Lösungen
☼☼ 3x; ☻ ☺ 5x; ♫♪ 2x; ☼♀ 3x; ♀♂ 5x; ☺ ☺ 2x; ♣♥ 3x; ♣♠ 3x; ♥♥ 2x; ♦♥ 2x

Berühmte Liebespaare – Aufgabenblatt 6

Bitte verbinden Sie die Namen, die zusammengehören.

Lösungen
Maria & Josef, Floria Tosca & Mario Cavaradossi (Oper »Tosca«); Julia Capulet & Romeo Montague (Romeo und Julia); Eva & Adam; Königin Silvia & König Carl Gustaf; Luise & Ferdinand (»Kabale und Liebe«); Carla Bruni & Nicolas Sarkozy; Felipe & Letizia; Simone de Beauvoir & Jean-Paul Sartre; Stefanie Hertel & Stefan Mross; Máxima & Willem-Alexander; Sissi & Franz-Josef; Kleopatra & Caesar; Lady Diana & Prinz Charles; Isolde & Tristan

Herzen ♥ zählen – Aufgabenblatt 7

Bei dieser Konzentrationsaufgabe geht es um Geschwindigkeit. Zählen Sie möglichst schnell die Herzen in den Reihen.

Lösungen

1) 6; 2) 5; 3) 3; 4) 7; 5) 7; 6) 8; 7) 9; 8) 4; 9) 5; 10) 4

Buchstabenquadrat – Aufgabenblatt 8

In diesen Buchstaben sind die unten stehenden Wörter zum Thema Hochzeit versteckt. Sie finden sie waagrecht, senkrecht und diagonal, vorwärts und rückwärts geschrieben.

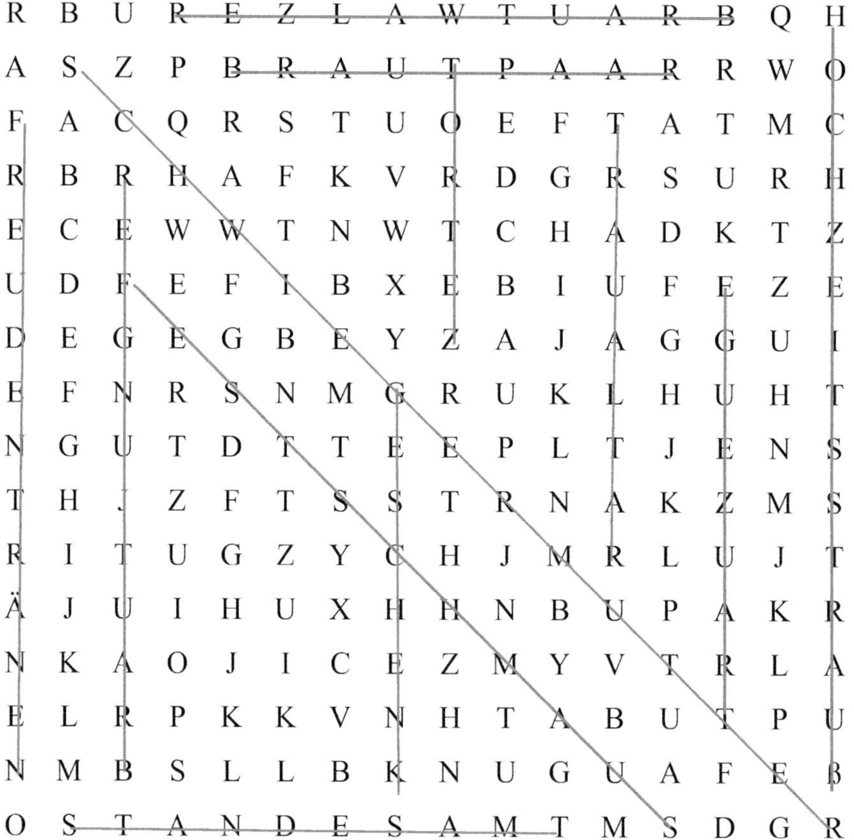

Brautpaar, Trauzeuge, Schwiegermutter, Freudentränen, Brautjungfer, Hochzeitsstrauß, Torte, Festschmaus, Brautwalzer, Traualtar, Standesamt, Geschenk

Silbenrätsel – Aufgabenblatt 9

Bitte schreiben Sie die Lösungswörter auf die Zeilen über den Umschreibungen. Es dürfen nur die Silben aus dem folgenden Vorrat verwendet werden. Streichen Sie durch, welche Sie verbraucht haben. Am Ende sollte keine der Silben übrig bleiben.

Lösungswörter
1 Aussteuer; 2 Aufgebot; 3 Junggeselle; 4 Standesamt; 5 Familienstammbuch; 6 Verlobung; 7 Bräutigam; 8 Flitterwochen; 9 Heiratsvermittlung; 10 Polterabend

Wortsammlungen – Aufgabenblatt 10

Bitte schreiben Sie möglichst viele Wörter auf, die folgende Wortteile enthalten.

Lösungsbeispiele
Heirat(s): -antrag, -vermittler, -vermittlung, -urkunde, -dokumente, -schwindler, -wunsch, -geschenk, -willig, -register, -unterlagen, -kosten, -anzeige, -institut, -versprechen, -brauch, -fähig, -datum, -grund

Ehe: -paar, -versprechen, -ring, -glück, -schließung, -bett, -frau, -mann, -partner, -vertrag, -gatten, -gattensplitting, -gelübde, -probleme, -scheidung, -leute, -lichen, -krise, -bruch, -fähigkeit, -beratung, -los, -drama, -seminar, -vorbereitung

Braut: -kleid, -strauß, -mutter, -vater, -entführung, -jungfer, -schau, -werbung, -schuhe, -kranz, -schleier, -walzer, -mode

Bitte bilden Sie aus den Buchstaben dieses Wortes möglichst viele neue Wörter. Die Buchstaben dürfen in beliebiger Reihenfolge verwendet werden.

HEIRATSANTRAG

Lösungswortbeispiele
Heirat, Antrag, Anita, Artist, Aster, Arten, tragen, Start, hart, hier, Herr, Herrin, Eintrag, Eis, rein, Rhein, Rang, Rat, Ratte, raten, Raster, Reis, Rast, starr, Ring, ringen, Ritt, Ritter, Satire, Stange, Start, Strang, Streit, Tag, Trainer, trist, tasten, Aster, Gatter, Gatte, Gast, Garten, Garantie, garantiert, Tier, Nase, Narr

Buchstabentausch – Aufgabenblatt 11

Bitte bringen Sie die Buchstaben in die richtige Reihenfolge, sodass sich sinnvolle Wörter aus dem Themenfeld Hochzeit ergeben.

Lösungswörter
1. Braut; 2. Ring; 3. Kuss; 4. Feier; 5. Gäste; 6. Walzer; 7. Heirat; 8. Liebe; 9. Torte; 10. Altar; 11. Strauß; 12. Hochzeit; 13. Schleier; 14. Kutsche; 15. Ehepaar; 16. Zylinder; 17 Geschenke; 18. Brautkleid; 19. Standesamt; 20. Glückwunsch; 21. Kindersegen; 22. Aussteuer; 23. Polterabend; 24. Silberhochzeit

Brückenrätsel – Aufgabenblatt 12

Finden Sie jeweils ein Wort, das dem ersten angehängt und dem zweiten vorangestellt werden kann.

Beispiel: Braut *Mutter* Tag (Brautmutter – Muttertag)

Lösungswörter
1. Paar; 2. Schau; 3. Mond; 4. Kinder; 5. Nacht; 6. Brief; 7. Gemeinde; 8. Antrag/Markt; 9. Partner; 10. Schleier; 11. Himmel; 12. Paar;

13. Ring; 14. Beweis; 15. Jungfern; 16. Altar; 17. Tränen; 18. Geschenk/ Foto; 19. Band; 20. Himmel

Vorworte – Aufgabenblatt 13

Finden Sie jeweils ein Wort, das den anderen vorangestellt werden kann.

Lösungswörter

1. Paar; 2. Kinder; 3. Ehe; 4. Partner; 5. Mond; 6. Braut; 7. Himmels; 8. Hochzeits; 9. Trau; 10. Heirats; 11. Wunsch; 12. Liebes; 13. Herzens; 14. Schleier; 15. Familien; 16. Himmel

Nachworte – Aufgabenblatt 14

Finden Sie jeweils ein Wort, das den anderen angehängt werden kann.

Lösungswörter

1. Ring; 2. Liebe; 3. Band; 4. Paar; 5. Kleid; 6. Segen; 7. Fest; 8. Gemeinschaft; 9. Hochzeit; 10. Wunsch; 11. Kutsche; 12. Walzer; 13. Altar; 14. Vater; 15. Spruch; 16. Gemeinde

Buchstabenfolge »ei« finden – Aufgabenblatt 15

Bitte streichen sie alle *ei* an, die Sie in diesem Text finden. Doch Vorsicht, lassen Sie sich nicht von den *ie* verwirren!

Lösung:

ei 50-mal; *ie* 27-mal

Variante: Sie können die Aufgabe dahingehend erweitern, dass die Buchstabenfolge *ei* in einer Farbe, die Buchstabenfolge *ie* in einer anderen markiert wird. Beide sollen gezählt werden.

Ausklang

Die Liebe,
welch lieblicher Dunst!
Doch in der Ehe,
da steckt die Kunst.

Theodor Storm

Ich wünsche mir eine hübsche Frau,
Die nicht alles nähme gar zu genau,
Doch aber zugleich am besten verstände,
Wie ich mich selbst am besten befände.

Johann Wolfgang von Goethe

Zum Schmunzeln: Liebe macht blind
Eine Maus zur anderen: »Du strahlst ja so, was ist los?« Die andere senkt errötend den Blick: »Ich bin verliebt.« » Das ist ja toll! Hast du ein Foto von ihm? Zeig mal!« Die verliebte Maus reicht der anderen das Bild. Der bleibt der Mund offen stehen. »Hey, das ist ja eine Fledermaus!« »Ach was,« antwortet die Maus überrascht, »mir hat er gesagt, er wäre Pilot!«

Aufgabenblatt 1 – Knobelaufgabe

Bitte beantworten Sie unten stehende Fragen anhand dieses Textes. Sie dürfen sich gern ein Blatt zu Hilfe nehmen, auf dem Sie sich Notizen machen.

Edith und Ulrich sind ein glückliches Ehepaar mit einer großen Familie.

1970 haben sie geheiratet. Edith war damals gerade 19 Jahre alt, Ulrich 23.

Ein Jahr nach der Hochzeit wurde ihr erstes Kind geboren, das Töchterchen Verena. Die drei Söhne Sebastian, Christoph und Frederik kamen jeweils zwei Jahre später. Frederik war als Kind stolz auf seinen Geburtstag, der aus lauter gleichen Zahlen bestand.

Verena hat nun selbst schon zwei Kinder, Helen und Paul. Als Helen geboren wurde, waren Edith und Ulrich gerade in Südamerika. Sie erfüllten sich mit dieser Reise einen lang gehegten Wunsch zu ihrer Silberhochzeit. Am Jubiläumstag bekräftigten sie ihr Ja-Wort noch einmal in Machu Picchu in Peru. Paul kam zur Jahrtausendwende auf die Welt. Bei seiner Geburt konnte Edith ihre Tochter nun unterstützen. Die kleine Helen wohnte zum ersten Mal ein paar Tage bei den Großeltern. Sebastian hat mit 27 Jahren geheiratet. Er und seine Frau bekamen die Zwillinge Justus und Joschka zwei Jahre nach ihrer Heirat.

Frederik und seine Freundin heirateten im Jahr 2007, kurz vor der Geburt ihrer kleinen Anne. Christoph ist überzeugter Junggeselle. Er liebt seine Nichten und Neffen, möchte aber selbst keine Kinder haben.

Fragen

1. Wie lauten die Geburtsjahre von Edith und Ulrich?

   ____

2. Wie heißt das genaue Geburtsdatum von Frederik?

   ____

3. In welchem Jahr wurde Helen geboren?

   ____

4. In welchem Alter wurde Edith Großmutter?

   ____

5. Wie alt war Helen, als sie zum ersten Mal bei den Großeltern wohnte?

   ____

6. Wie alt werden Justus und Joschka bei der Goldenen Hochzeit ihrer Großeltern sein?

   ____

7. Wie alt war Frederik bei seiner Heirat?

   ____

8. Wie viele Enkel haben Edith und Ulrich?

   ____

9. Wie groß ist die Familie, wenn heute alle zusammen kommen?

   ____

Aufgabenblatt 2 – Wimmelbild

Aufgabenblatt 3 – Lesegymnastik

Der folgende Text ist schwer zu lesen. Versuchen Sie es trotzdem, denn das Gehirn kann die überflüssigen Buchstaben und Zahlen beim Lesen ignorieren.

Ei4n Taraum inm w8eiß

Di3e Hogchzheit so4ll dter schtönesste Targ i2m Ltebhen szein, s5o whill7 e8s dser Vhollksimuhnd. Flü2r dihe mteiist9en Ftraue1n goehörht da5zu nhach w2ie votr ei4n wheißses Barautkaleid. Obp schelichth order pomeplös, h5och geschalossehn od7er t8ief au5sgesch8nitt9en, mtit ltangkem odrer krurzrem Rockoteilo, gheratde geschinittern odetr wheit aus5gestellat, e8s gibet vielofältitge Va9rian5ten in Schanitten unzd Sthoff2en. Urnd auzch d4ie Fharbe isgt unrter einner gmanzen Plaltette vfon Wheisß-Ceremethönen z9u wtählen. Hinrzu kotmmren di5e Akccesrsoirses, vmon Schumuck ürbaer Barautestarauß und Harndtansche bpis z1u dren Schouhern. Bleim Klopfschamuck hrat drie Boraut dpie Wgahl zuwischten derm kalassirschen Schuleier i7n vtariablzer Lhängke unrd Austgesthaltun8g, ei2nerm Berautakranz odder e4in8er schsickgen Fhrisiur, i4n d6ie aubch Balumen inntregriert werzden kölnnren. Mranchte Farauern bervorzzugken au3ch ei7nen ver8spielaten Hrut. D9er Ftantarsie sirnd keimne Garenzten greseztzt. Sro wi6rd jehde Farau a4m schönosten Tdag ihtre7s Lkeberns z5ur schlönstren Forau de8r Wuelt.

Aufgabenblatt 4 – Redewendungen

Zu Liebe, Heirat und Ehe kennt der Volksmund viele Redewendungen. Bitte verbinden Sie die Wörter der linken Seite mit denen der rechten so, dass sie zusammen Redewendungen bilden.

1.	Liebe	siebte	*Liebe auf den ersten Blick*
2.	Bund	bringen	______________________
3.	Hand	Himmel	______________________
4.	Haussegen	Leben	______________________
5.	Liebe	Brille	______________________
6.	Haube	ersten	______________________
7.	verflixt	anhalten	______________________
8.	siebter	schief	______________________
9.	rosarote	blind	______________________
10.	Himmel	geben	______________________
11.	Jung	treten	______________________
12.	dick	tauschen	______________________
13.	Ja-Wort	Stand	______________________
14.	Traualtar	Geigen	______________________
15.	Ringe	gereut	______________________
16.	heiligen	dünn	______________________

Aufgabenblatt 5 – Gleiche Paare finden

Welche der Paare sind mehrfach abgebildet? Bitte zählen Sie nur die Paare, bei denen Symbol *und* Position genau gleich sind.

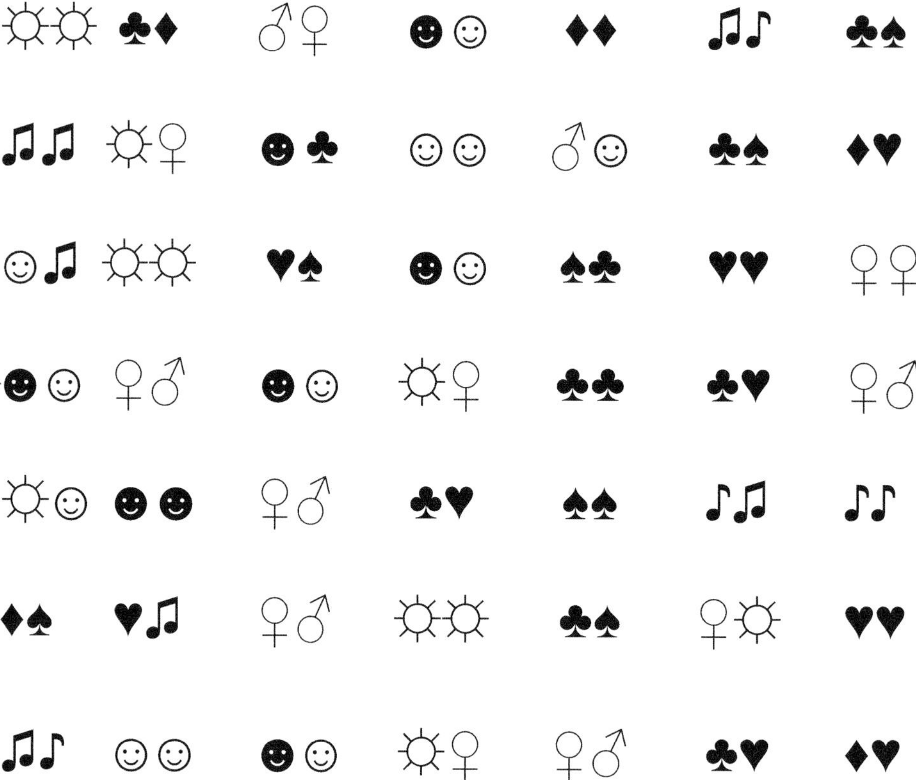

Aufgabenblatt 6 – Berühmte Liebespaare

Bitte verbinden Sie die Namen, die zusammengehören.

Maria	Romeo Montague
Floria Tosca	Ferdinand
Julia Capulet	Franz-Josef
Eva	Prinz Charles
Königin Silvia	Caesar
Luise	Josef
Carla Bruni	Tristan
Felipe	Adam
Simone de Beauvoir	Jean-Paul Sartre
Stefanie Hertel	Willem-Alexander
Máxima	Letizia
Sissi	Mario Cavaradossi
Kleopatra	Nicolas Sarkozy
Lady Diana	Stefan Mross
Isolde	König Carl Gustaf

Aufgabenblatt 7 – Herzen ♥ zählen

Bei dieser Konzentrationsaufgabe geht es um Geschwindigkeit. Zählen Sie möglichst schnell die Herzen in den Reihen.

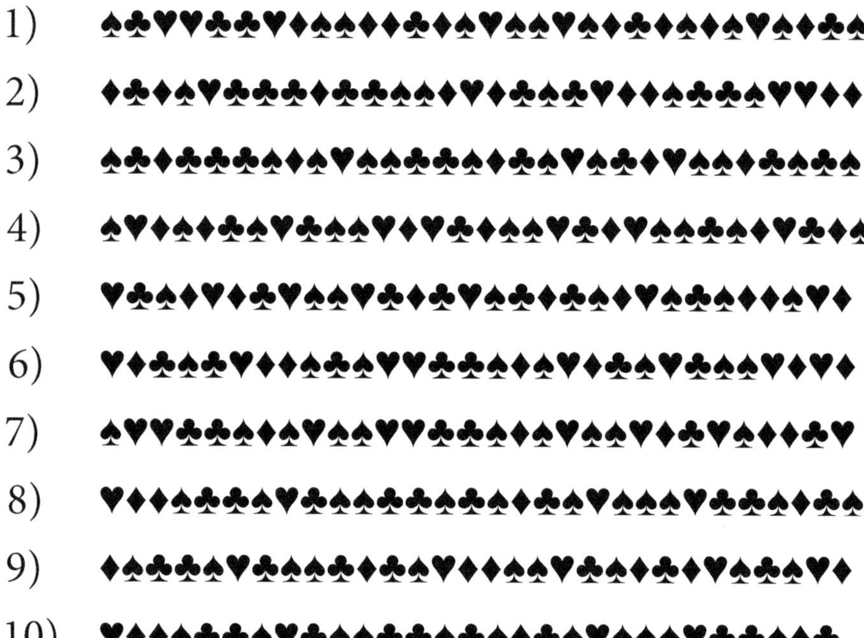

Aufgabenblatt 8 – Buchstabenquadrat

In diesen Buchstaben sind die unten stehenden Wörter zum Thema Hochzeit versteckt. Sie finden sie waagrecht, senkrecht und diagonal, vorwärts und rückwärts geschrieben.

```
R B U R E Z L A W T U A R B Q H
A S Z P B R A U T P A A R R W O
F A C Q R S T U O E F T A T M C
R B R H A F K V R D G R S U R H
E C E W W T N W T C H A D K T Z
U D F E F I B X E B I U F E Z E
D E G E G B E Y Z A J A G G U I
E F N R S N M G R U K L H U H T
N G U T D T T E E P L T J E N S
T H J Z F T S S T R N A K Z M S
R I T U G Z Y C H J M R L U J T
Ä J U I H U X H H N B U P A K R
N K A O J I C E Z M Y V T R L A
E L R P K K V N H T A B U T P U
N M B S L L B K N U G U A F E ß
O S T A N D E S A M T M S D G R
```

Brautpaar, Trauzeuge, Schwiegermutter, Freudentränen, Brautjungfer, Hochzeitsstrauß, Torte, Festschmaus, Brautwalzer, Traualtar, Standesamt, Geschenk

Aufgabenblatt 9 – Silbenrätsel

Bitte schreiben Sie die Lösungswörter auf die Zeilen über den Umschreibungen. Es dürfen nur die Silben aus dem folgenden Vorrat verwendet werden. Streichen Sie durch, welche Sie verbraucht haben. Am Ende sollte keine der Silben übrig bleiben.

STAN – WO – FA – VER – LUNG – GAM – SEL – RATS – CHEN – TER – BUCH – DES – STAMM – AUS – LI – STEU – POL – AUF – JUNG – GE – MI – LO – LE – TI – VER – ER – BUNG – AMT – EN – TER – BRÄU – BOT – GE – FLIT – HEI – MITT- ABEND

____

1 Mitgift

____

2 Öffentliche Bekanntgabe der Eheabsicht

____

3 Unverheirateter

____

4 Behörde für Personenstandsangelegenheiten

____

5 Persönliche Sammlung standesamtlicher Urkunden

____

6 Eheversprechen

____

7 Heiratender

____

8 Hochzeitsreise

____

9 Eheanbahnung durch Dritte

____

10 Vorabend der Hochzeit

Aufgabenblatt 10 – Wortsammlungen

Bitte schreiben Sie möglichst viele Wörter auf, die folgende Wörter enthalten.

Heirat(s)____

____

____

Ehe____

____

____

Braut____

____

____

Bitte bilden Sie aus den Buchstaben dieses Wortes möglichst viele neue Wörter. Die Buchstaben dürfen in beliebiger Reihenfolge verwendet werden.

HEIRATSANTRAG

____

____

____

____

____

Aufgabenblatt 11 – Buchstabentausch

Bitte bringen Sie die Buchstaben in die richtige Reihenfolge, sodass sich sinnvolle Wörter aus dem Themenfeld Hochzeit ergeben.

1. TRAUB ______________________
2. GIRN ______________________
3. SUSK ______________________
4. REIFE ______________________
5. TÄGES ______________________
6. ZALWER ______________________
7. REITAH ______________________
8. BEILE ______________________
9. ROTTE ______________________
10. TARAL ______________________
11. RASTUSS ______________________
12. TEICHZOH______________________
13. REILESCH ______________________
14. TUSCHKE ______________________
15. RAAPHEE ______________________
16. LYZINDER ______________________
17. SCHEGENKE______________________
18. KLAUDBREIT______________________
19. SAMTSANDET______________________
20. GUNSCHWÜLCK______________________
21. SINDERKEGEN______________________
22. TEUERSAUS______________________
23. PALTEROBEND______________________
24. HOCHBERSILZEIT______________________

Aufgabenblatt 12 – Brückenrätsel

Finden Sie jeweils ein Wort, das dem ersten angehängt und dem zweiten vorangestellt werden kann.

Beispiel: Braut ______*Mutter*______ Tag
(Brautmutter, Muttertag)

1. Ehe ________________ Beratung
2. Braut ________________ Spiel
3. Voll ________________ Nacht
4. Wunsch ________________ Segen
5. Hochzeits ________________ Zug
6. Liebes ________________ Geheimnis
7. Fest ________________ Brief
8. Heirats ________________ Stellung
9. Ehe ________________ Vermittlung
10. Braut ________________ Kraut
11. Abend ________________ Reich
12. Traum ________________ Therapie
13. Ehe ________________ Parabel
14. Liebes ________________ Führung
15. Braut ________________ Stieg
16. Trau ________________ Weihe
17. Freuden ________________ Sack
18. Hochzeits ________________ Papier
19. Familien ________________ Wurm
20. Sternen ________________ Bett

Aufgabenblatt 13 – Vorworte

Finden Sie jeweils ein Wort, das den anderen vorangestellt werden kann.

1.	______-tanz	-bildung	-beziehung	-beratung
2.	______-zimmer	-garten	-wunsch	-segen
3.	______-glück	-vertrag	-mann	-schließung
4.	______-wunsch	-suche	-börse	-karte
5.	______-gesicht	-sichel	-nacht	-kalender
6.	______-strauß	-schau	-mutter	-kleid
7.	______-pforte	-körper	-tür	-richtung
8.	______-tag	-torte	-nacht	-foto
9.	______-spruch	-altar	-zeuge	-gott
10.	______-antrag	-anzeige	-urkunde	-schwindler
11.	______-partner	-kind	-konzert	-traum
12.	______-brief	-beweis	-roman	-gedicht
13.	______-wunsch	-gebet	-brecher	-angelegenheit
14.	______-tanz	-eule	-kraut	-stoff
15.	______-band	-fest	-kasse	-urlaub
16.	______-blau	-bett	-reich	-fahrt

Aufgabenblatt 14 – Nachworte

Finden Sie jeweils ein Wort, das den anderen angehängt werden kann.

1.	Finger-	Ehe-	Nasen-	Gold-__________
2.	Mutter-	Tier-	Affen-	Vater-__________
3.	Arm-	Liebes-	Hals-	Bild- __________
4.	Schuh-	Traum-	Liebes-	Ehe- __________
5.	Braut-	Sommer-	Ball-	Bein- __________
6.	Kinder-	Geld-	Reise-	Abend-_________
7.	Hochzeits-	Sommer-	Freuden-	Tanz- __________
8.	Haus-	Lebens-	Wohn-	Ehe- __________
9.	Traum-	Silber-	Doppel-	Liebes-_________
10.	Glück-	Kinder-	Partner-	Segens-_________
11.	Hochzeits-	Post-	Pferde-	Pony-__________
12.	Hochzeits-	Donau-	Kaiser-	Braut-__________
13.	Pergamon-	Hoch-	Marien-	Trau-__________
14.	Braut-	Kinds-	Groß-	Gott-__________
15.	Kalender-	Trink-	Segens-	Trau-__________
16.	Fest-	Kirchen-	Dorf-	Stadt-__________

Aufgabenblatt 15 – Buchstabenfolge »ei finden«

Bitte streichen sie alle *ei* an, die Sie in diesem Text finden. Doch Vorsicht, lassen Sie sich nicht von den *ie* verwirren!

Heinz und Marie wollen heiraten. Gemeinsam planen sie die Feier. Noch nie waren ihre beiden Familien beisammen. Sie überlegen, wie viele Gäste sie einladen wollen. »Wir heiraten nur einmal«, kommen sie überein. Diese Einsicht verleitet sie zu einer eindrucksvollen Einladungsliste, die neben ihren Familien auch die Freundeskreise beider und einige vereinzelte Vereinskollegen beinhaltet. »Und wie verteilen wir die Gäste an die Tische?« »Opa Friedrich und Oma Reingard sind unzertrennlich, die setzen wir mit Tante Heidrun und Schwester Sophie zusammen. Dieter kann Heike einfach nicht leiden. Die beiden müssen sich meiden können. Onkel Heinrich will wahrscheinlich bei Pastor Meyer sitzen. Die kleineren Kinder vereinigen wir an einem eigenen Tisch: Klein-Ida, Mareike, Janina, Silke, Reiner und Heiko spielen bestimmt einigermaßen friedlich zusammen.« »Und wo sitzen wir beide?« fragt Heinz. »Weißt du, das ist mir eigentlich einerlei. Hauptsache, nah beieinander«, schmeichelt Marie.

Familie

Material

Trinkgläser, Wasser, Kopien der Aufgabenblätter und ggf. des Stammbaums, Stifte, Diskussionskärtchen

Dekoration

Familienfotos, auch ältere, Ahnenfotos in kleinen verzierten Bilderrahmen, Bilder aus Zeitschriften und Werbeprospekten, die Familien zeigen

Einstimmung

Zitate

»Die Jugend von heute liebt den Luxus, hat schlechte Manieren und verachtet die Autorität. Sie widersprechen ihren Eltern, legen die Beine übereinander und tyrannisieren ihre Lehrer.«

Was denken Sie: Von wann stammt dieses Zitat? Von wem könnte es sein?

(Sokrates, griechischer Philosoph, *469 v. Chr., †399 v. Chr.)

»Man kann Kinder nicht erziehen, sie machen einem eh alles nach.« (Karl Valentin)

Familienglück

Unsere Enkel lieben es, die alten Fotoalben anzuschauen. Wenn sie zu Besuch kommen, müssen wir uns mit den Alben auf die Couch setzen, die kleine Anna rechts von mir, der größere Lukas links, und dann sehen wir die vergilbten Bilder mit den gezackten Rändern an, die mein Mann damals an langen Winterabenden auf das schwarze Tonpapier geklebt hat. Eines nach dem anderen, jedes Mal wieder von vorn. Immer wieder wollen sie die alten Geschichten hören: von Opa, der auf dem Lande groß geworden ist und schon mit acht Jahren den Traktor lenkte; von Oma mit einem alten Puppenwagen, wie es sie heute nicht mehr gibt, und Schleifen an den langen Zöpfen. Noch spannender finden sie, die Fotos zu sehen, auf denen ihre Eltern Kinder waren. Das können sie kaum glauben. Fotos von Wanderungen in Österreich, die Familie beim Picknick, Papa bei der Einschulung mit Schultüte und riesigem Schulranzen auf dem Rücken. Mama beim Kinderfest auf der Schiffschaukel in wehendem Kleidchen. Auf einem Bodenseedampfer vor dem Alpenpanorama. In der Hocke auf einer Wiese beim Blumenpflücken. Damals war sie meine Kleine, jetzt ist sie die Mutter dieser entzückenden Kinder. Wie hat sich doch das Leben verändert. Als ich meine Kinder bekam, gab ich meine Berufstätigkeit auf und widmete mich ganz der Familie. Das war damals völlig normal, wenn der Mann eine Anstellung hatte und die Familie ernähren konnte. Meine Kinder waren bis zur Schulzeit immer um mich. Ich war Hausfrau und Mutter, und das mit Leib und Seele. Ich frage mich, wie meine Tochter das heute schafft. Sie ist jetzt 38, hat die beiden Kinder und ist berufstätig. Nur halbtags zwar, aber das ist ihr ganz wichtig. So bringt sie Anna morgens vor der Arbeit in den Kindergarten und

Lukas in die Schule. Mittags holen wir die beiden öfter ab, wenn meine Tochter es nicht rechtzeitig schafft. Nachmittags ist sie dann ganz für die Kinder da. Aber auch das sieht anders aus als bei uns früher. Neben der Beaufsichtigung der Schularbeiten sind Mütter heute auch als Expertinnen für alles Mögliche gefragt. Lukas soll die Entwicklung eines eingepflanzten Avocadokerns beobachten und dokumentieren. Wenn meine Tochter nicht dahinter her wäre, würde das Pflänzchen längst verdorrt auf dem Fenstersims stehen. Auch für den Kindergarten muss meine Tochter dauernd irgendetwas vorbereiten oder basteln. »Einbeziehung der Eltern in die frühkindliche Förderung« nennen sie das. Und ständig muss sie die Kinder irgendwo hinfahren. Lukas bringt sie zweimal wöchentlich zum Handballtraining und einmal zum Schlagzeugunterricht. Die kleine Anna hat musikalische Früherziehung und Kinderturnen. Da ist die Anwesenheit der Mütter sogar Pflicht. Außerdem geht man heutzutage mit Kindern nicht nur zum Arzt, wenn sie krank sind, sondern zusätzlich noch zu Vorsorgeuntersuchungen, bei denen festgestellt werden soll, ob sie sich perfekt entwickeln. Bei Anna hat man da ein Defizit in der Sprachentwicklung festgestellt und jetzt bekommt sie Ergotherapie. Früher hätte man einfach gesagt, das Kind braucht etwas länger. Ich frage mich, wie die jungen Mütter das heute schaffen, wenn sie keine Großeltern haben, die eine Straßenecke weiter wohnen.

Wochenende!

Samstagmorgen. Familie Lühring sitzt traut vereint um den Frühstückstisch. Mutter Eva hat frische Brötchen geholt, alle sind ausgeschlafen und guter Laune. Endlich Wochenende!

Eva will die Gunst der Stunde nutzen und bringt – fast beiläufig – ihren Vorschlag für den Samstagabend ein, mit dem sie ihren Liebsten einmal wieder zu einem verbindenden Gemeinschaftserlebnis verhelfen will, das den Familienzusammenhalt stärken und den Kindern ein Gefühl von Geborgenheit und Dankbarkeit vermitteln soll.

»Wie wäre es,« so hebt sie an, »wenn wir heute mal wieder einen schönen gemeinsamen Familienabend verbringen würden. Ich backe eine leckere Pizza, dazu gibt es einen bunten Salat. Und zum Nachtisch Schokoladeneis – zur Feier des Tages.« »Aber die Pizza ohne Oliven!«, kräht der achtjährige Max dazwischen. »Und danach«, so fährt Eva fort, »könnten wir doch mal wieder alle gemeinsam *Siedler von Catan* spielen, oder *Heiteres Beruferaten* oder *Wer wird Millionär.*«

Ihrem Mann entfährt ein Seufzer. Er sieht einen nicht enden wollenden Abend auf sich zukommen. »Schatz, dir ist aber klar, dass von sechs bis acht die *Sportschau* kommt? In dieser Zeit stehe ich nicht zur Verfügung.« »Mama«, jammert Max, »ich wollte doch mein neues Computerspiel spielen. Nicht immer so was Altmodisches am Tisch.« Die zehnjährige Lea verdreht die Augen. »Spiele, das ist doch total öde. Ich will um 20:15 Uhr *Wetten, dass ...* anschauen. Ihr könnt ja mitgucken, dann haben wir auch was Gemeinsames, wenn dir das so wichtig ist.«

Nun schaltet sich die 16-jährige Sarah ein. Sie hat nur ein Ziel für diesen Abend und das ist, um zehn Uhr mit ihren Freundinnen in die Disco aufzubrechen. Sie weiß: Da steht ihr noch ein harter Kampf bevor, den sie wahrscheinlich verlieren wird und der womöglich zu einem Familienkrach ausartet, denn über die Frage ihres abendlichen Ausgehens bekommen sich die Eltern regelmäßig in die Haare. Sie beschließt, es heute mit dem Weg der Diplomatie zu versuchen. »Ich finde Muttis Idee gut. Da haben wir mal wieder schön Zeit zusammen. Mutti, ich mach den Salat zur Pizza.« Alle sehen sie ungläubig an, als käme sie von einem anderen Stern. Diese Worte von Sarah? Der Teenagerin, die sonst nur an allem herummäkelt – sofern sie überhaupt etwas sagt – und Spiele und Familie überhaupt zur Zeit eigentlich nur doof findet? Was war in sie gefahren? »Ich hab dann bis etwa neun Uhr Zeit«, fährt sie fort und die Eltern ahnen worauf es hinausläuft, »danach müsste ich ins Bad und mich richten, um zehn holt mich nämlich Nadine ab. Ich übernachte übrigens heute bei ihr. Aber ihr könnt ja dann gern ohne mich weiterspielen.« »Ich will *Wetten dass ...* gucken«, mault Lea. »Com-puter-spiel, Com-puter-spiel,« skandiert Max seinen Wunsch und hüpft dabei auf und nieder.

Die Eltern schauen sich an. »Was machen wir denn jetzt?«, fragt Peter seine Frau.

Einige Sekunden lang ist es still. Dann brechen die Eltern in Lachen aus, als sie gegenseitig ihre ratlosen Gesichter sehen. »Na gut«, sagt Eva schließlich ein wenig enttäuscht darüber, dass ihr Vorschlag nicht auf Resonanz stößt, »dann lassen wir das Spielen.« »Mama, sei nicht traurig«, bittet Max. »Wir essen deine leckere Pizza, und dann macht jeder was er will. Und morgen frühstücken wir wieder so gemütlich zusammen wie heute. Dann sind wir doch auch alle zusammen!« Eva lächelt und nimmt ihren kleinen altklugen Schatz in die Arme.

Variante 1: Sie können diese Geschichte auch nur bis zum letzten Absatz vorlesen und die Teilnehmenden unterschiedliche Ausgänge erfinden lassen.

Variante 2: Die Geschichte kann auch als Merkgeschichte verwendet werden. Fragen dazu finden Sie bei den Übungen.

Gesprächsimpulse

Wenn es sich bei den Gesprächen ergibt, können Sie den Familienstammbaum, der als Kopiervorlage angehängt ist, austeilen und ausfüllen lassen. Daraus ergeben sich weitere Gespräche.

- Wie sah in Ihrer Kindheit der Familienalltag aus?
- Was hat sich zwischen Ihrer Kindheit und heute diesbezüglich verändert?
- Sind Sie in einer großen Familie aufgewachsen?
- Wie würden Sie uns Ihre Mutter beschreiben? Ihren Vater?
- War Ihre Mutter berufstätig? War sie zu Hause?
- Wer saß mit am Mittagstisch?

- Wie wurden Kinder früher erzogen im Vergleich zu heute?
- Was waren die wichtigsten Werte in Ihrer Familie?
- Welche Sätze hörten Sie oft? (Sitz gerade; ohne Fleiß kein Preis; …)

- Was meinen Sie, werden Charaktereigenschaften vererbt oder anerzogen?

- Hatten Sie Geschwister?
- Waren Ihre Geschwister Ihnen ähnlich oder hatte jedes seine Eigenheiten?
- An welcher Stelle in der Geschwisterreihe kamen Sie?
- Hatten Sie als Kind ein eigenes Zimmer?
- Welche Person in Ihrer Familie war Ihnen besonders wichtig?
- Hatten Sie als Kind ein Vorbild in der Familie, dem Sie nacheiferten?
- Was haben Ihnen Ihre Eltern ins Poesiealbum geschrieben?
- Hatten Sie als Kind bestimmte Aufgaben in der Familie? Welche?
- Haben/hatten Sie mit jemandem besondere Ähnlichkeit?
- Wie war Ihr Verhältnis zu Ihren Großeltern?
- Zu welchen Gelegenheiten haben Sie sie gesehen?

- Haben Sie früher den Muttertag begangen? Wie? War es ein wichtiger Tag?
- Denken Ihre Kinder/Enkel heute noch daran?
- Hatte der Vatertag eine Bedeutung?
- An welchem kirchlichen Feiertag ist der Vatertag?
- Sehen Sie die Mütter genügend gewürdigt?

Diskussion zu Aussagen auf Kärtchen

Mit den folgenden Sätzen können Sie Diskussionen anregen. Sie finden hierzu auch eine Kopiervorlage. Kopieren Sie die Seite auf festes Papier oder farbigen Karton und schneiden Sie die Streifen mit den Sätzen auseinander. Die Teilnehmenden ziehen verdeckt einen Papierstreifen und lesen den Satz vor, der darauf steht.

- Ein Klaps auf den Po hat noch keinem Kind geschadet.

- ▹ Früher haben die Kinder mehr Ordnung und Anstand gelernt.
- ▹ Es schadet Kindern, wenn ihre Mütter berufstätig sind.
- ▹ Die Kindheit war früher schöner als heute.
- ▹ Ich wäre selbst gern noch einmal Kind.
- ▹ Elektronisches Spielzeug verhindert, dass Kinder noch richtig spielen.
- ▹ Die Freiheit, in der Kinder heute aufwachsen, ist beneidenswert.

Quiz

- ▹ Was ist der Unterschied zwischen Verwandtschaft und Schwägerschaft?
  - * Verwandtschaft wird durch Geburt vermittelt, Schwägerschaft durch Heirat.
- ▹ In welchem Grad bin ich mit meinem Bruder verwandt?
  - * Im zweiten Grad.
- ▹ In welchem Grad bin ich mit meiner Cousine verwandt?
  - * Im vierten Grad; der Grad der Verwandtschaft bestimmt sich aus der Anzahl der vermittelnden Geburten.
- ▹ Wann ist ein Mensch »erwachsen«?
  - * Rechtlich mit der Volljährigkeit; sie beinhaltet die volle Geschäftsfähigkeit und die Wahlrecht auf kommunaler und Bundesebene.
- ▹ Wann änderte sich das Alter der Volljährigkeit?
  - * In der DDR wurde 1950, in der BRD 1975 das Alter der Volljährigkeit von 21 auf 18 Jahre herabgesetzt.
- ▹ Was bedeutet Adoption?
  - * Annahme an Kindes Statt oder Annahme als Kind.
- ▹ Was ist ein Ehevertag?
  - * Ein Vertrag zu Regelungen in der Ehe, oft auch eine eventuelle Scheidung betreffend; in Deutschland muss ein Ehevertrag notariell beurkundet werden.

- ▷ Was regelt das Familienrecht?
  - * Rechtsverhältnisse zwischen Personen, die durch Familie, Verwandtschaft, Ehe, Lebenspartnerschaft miteinander verbunden sind oder aber im Sinne einer rechtlichen Betreuung gesetzliche Vertretungsfunktionen füreinander übernehmen.
- ▷ Was ist eine Babyklappe?
  - * Eine Vorrichtung, mit der ein Neugeborenes anonym abgegeben werden kann. Es wird in ein Wärmebettchen gelegt. Sobald die Klappe geschlossen wird, macht ein elektronisches Signal auf das Kind aufmerksam, sodass es versorgt werden kann.
- ▷ In welchem Alter besteht in Deutschland Vollzeitschulpflicht?
  - * Sie beginnt mit der Vollendung des 6. Lebensjahres und erstreckt sich in der Regel auf 10 Schulbesuchsjahre.

Finden Sie die Antwort möglichst schnell:

- ▷ Der Vater meiner Mutter ist mein (Großvater)
- ▷ Die Schwester meines Vaters ist meine (Tante)
- ▷ Der Bruder meines Mannes ist mein (Schwager)
- ▷ Dessen Frau ist meine (Schwippschwägerin)
- ▷ Der Sohn meiner Schwester ist mein (Neffe)
- ▷ Die Tochter meines Bruders ist meine (Nichte)
- ▷ Die Schwester meiner Großmutter ist meine (Großtante)
- ▷ Der Sohn meiner Mutter ist mein (Bruder)
- ▷ Die Tochter des Bruders meiner Mutter ist meine (Cousine)
- ▷ Die Schwiegereltern meiner Tochter sind (Gegenschwieger)
- ▷ Die Mutter meines Mannes ist meine (Schwiegermutter)
- ▷ Der Mann meiner Tochter ist mein (Schwiegersohn)
- ▷ Bin ich mit meinem Mann verwandt? (nein)

Übungen

Merkgeschichte »Wochenende!«

Wenn Sie die Geschichte »Wochenende!« als Merkgeschichte verwenden möchten, können Sie nach dem Vorlesen folgende Fragen dazu stellen:

- ▷ Bei welcher Gelegenheit findet das Familiengespräch statt?
  - * beim gemeinsamen Frühstück am Samstagmorgen
- ▷ Was möchte die Mutter mit ihrem Vorschlag erreichen?
  - * Sie will der Familie ein gemeinsames Erlebnis verschaffen, um den Zusammenhalt und das Gemeinschaftsgefühl zu stärken.
- ▷ Wie reagiert der Vater auf ihren Vorschlag?
  - * Gelangweilt, er hat keine Lust dazu; er will die Sportschau sehen.
- ▷ Wie viele Kinder gehören zur Familie?
  - * Drei.
- ▷ Wie heißen sie und wie alt sind sie?
  - * Max, 8, Lea, 10, und Sarah, 16 Jahre alt
- ▷ Was soll es zu essen geben?
  - * Pizza, gemischten Salat, Schokoladeneis
- ▷ Wie nennt Sarah ihre Mutter?
  - * Mutti
- ▷ Was hat Sarah an diesem Abend vor?
  - * Sie will mit ihrer Freundin in die Disco gehen und danach bei ihr übernachten.
- ▷ Wie möchten Max und Lea den Abend verbringen?
  - * Max möchte sein neues Computerspiel spielen, Lea *Wetten, dass …* im Fernsehen anschauen.
- ▷ Wer findet eine Lösung für die Meinungsverschiedenheit und wie sieht sie aus?
  - * Max: Er schlägt vor, die gemeinsame Familienzeit auf das Sonntagsfrühstück zu verschieben.

Sprichwörter und Redensarten – Familie

Fragen Sie zunächst offen, welche Sprichwörter den Teilnehmenden zu Familie, Vater, Mutter usw. einfallen. Weitere werden gefunden, indem Sie mit Fragen auf die Sprünge helfen.

- ▹ Wie zwitschern die Jungen?
  - * Und wie die Alten sungen, so zwitschern auch die Jungen.
- ▹ Wohin fällt der Apfel?
  - * Der Apfel fällt nicht weit vom Stamm.
- ▹ Wer ist die Beste?
  - * Mutter ist die Beste.
- ▹ Was ist Glückssache?
  - * Erziehung ist Glückssache.
- ▹ Wen sollte man nicht an einen anderen Ort umpflanzen?
  - * Einen alten Baum verpflanzt man nicht.
- ▹ Wer ist der Vater des Gedankens?
  - * Der Wunsch ist der Vater des Gedankens.
- ▹ Wessen Mutter ist die Vorsicht?
  - * Vorsicht ist die Mutter der Porzellankiste.
- ▹ Wovor schützt Alter nicht?
  - * Alter schützt vor Torheit nicht.
- ▹ Was hat die Verwandtschaft mit dem Wetter gemeinsam?
  - * Mit der Verwandtschaft ist es wie mit dem Wetter, man kann sich beide nicht aussuchen.

Aufgaben

Merkbild mit Fragebogen – Aufgabenblätter 1 und 2

Die Teilnehmenden betrachten das Foto und lesen die Informationen darunter. Sie sollen sich möglichst viele Details einprägen. Anschließend wird das Bild umgedreht oder eingesammelt und der Fragebogen ausgeteilt.

Variante: Will man die Aufgabe etwas erleichtern, kann man in der Runde über das Bild sprechen. Was sehen Sie? Was fällt Ihnen auf? Anstelle des Fragebogens können die Fragen zum Bild auch mündlich gestellt werden. Was vorher in der Runde angesprochen wurde, merken sich die Teilnehmenden leichter als das, was sie nur gesehen haben, ohne es zu benennen.

Wortfamilien – Aufgabenblatt 3

Wer gehört nicht zur »Familie«?

Lösungswörter

1. Tante (gehört nicht zur Kernfamilie)
2. Enkel (Verwandtschaftsbeziehung in gerader Linie, nicht in der Seitenlinie)
3. Wildschwein (die anderen Begriffe gehören alle zum Hausschwein)
4. Rittersporn (Sommerblume zwischen lauter Frühlingsblumen)
5. Hortensie (Gartenstaude zwischen Wiesenblumen)
6. Karotte (Wurzelgemüse zwischen Obstsorten)
7. Kirsche (Steinobst zwischen Beerenobst)
8. Arbeitsplatz (die anderen Begriffe gehören zur Ausbildung)
9. Europa (Kontinent zwischen Staaten)
10. Flaschenzug (kein Schienenfahrzeug)
11. Dattel (Trockenfrucht zwischen Süßigkeiten)
12. Vielzahl (Wort mit »ie« zwischen lauter Wörtern mit »ei«)
13. Saft (die anderen Getränke enthalten Alkohol)
14. Kraft (Substantiv zwischen Adjektiven)
15. verdauen (Verb zwischen Adjektiven)
16. Truhe (stehendes Behältnis, die anderen sind tragbar)
17. Tolstoi (Schriftsteller zwischen Komponisten)
18. Gazelle (kein Raubtier wie die anderen)
19. Säugetier (Oberbegriff zu den anderen)
20. Elektrizität (die anderen sind strombetriebene Geräte)

Gegenteile und Kontraste – Aufgabenblatt 4

Bitte finden Sie zu jedem der Wörter ein Gegenteil bzw. einen möglichst starken Kontrast.

Lösungswörter

1. alt; 2. groß; 3. verständig; 4. frech; 5. blutjung/neugeboren; 6. nachgiebig; 7. unerfahren; 8. uninteressiert; 9. bedacht/vorsichtig; 10. ernst; 11. antiautoritär; 12. eigenwillig; 13. kurz halten; 14. gewähren lassen/freilassen; 15. schlagen; 16. behindern/selbst tun lassen; 17. loben; 18. Rechte; 19. Enkel; 20. Scheidung; 21. Greis; 22. Vernachlässigung; 23. Unterwürfigkeit; 24. Dominanzverhältnis

Wortsammlungen – Aufgabenblatt 5

Bitte finden Sie so viele Wörter wie möglich, die das Wort »Familie(n)« am Anfang oder am Ende enthalten.

Lösungswortbeispiele

Familiensinn, -alltag, -ausflug, -fest, -rat, -recht, -ministerin, -freundlich, -urlaub, angelegenheit, -rezept, -glück, -geheimnis, -bande, -zugehörigkeit, -vorstand, -oberhaupt, -vater, -wohnung, -tradition, -ritual, -einkommen, -gründung, -auto, -bildungsstätte

Großfamilie-, Klein-, Pflege-, Patchwork-, Tier-, Wort-, Kern-, Ursprungs-, Herkunfts-, Einfamilienhaus

Bilden Sie aus den Buchstaben dieses Wortes möglichst viele neue Wörter.

AHNENGALERIE

Lösungswortbeispiele

Ahne, ahnen, Anne, Angel, angeln, Algen, nahen, Galerie, gern, Gier, hegen, Henne, Hang, hager, Haare, Lage, Lager, legen, liegen, Nagel, Niere, Riegel, Rinne, rangeln, Regeln, Regal, innen, Erle, eng …

Vorworte – Aufgabenblatt 6

Finden Sie jeweils ein Wort, das den anderen vorangestellt werden kann.

Lösungswörter

1. Familien; 2. Erziehungs; 3. Groß; 4. Baby; 5. Jugend; 6. Erb; 7. Geschwister; 8. Adoptiv; 9. Vater; 10. Trotz; 11. Kinder; 12. Familien; 13. Ehe; 14. Mutter; 15. Pflege; 16. Eltern; 17. Tochter; 18. Glücks; 19. Hochzeits; 20. Ahnen

Nachworte – Aufgabenblatt 7

Finden Sie jeweils ein Wort, das den anderen angehängt werden kann.

Lösungswörter

1. Band; 2. Recht; 3. Mutter; 4. Glück; 5. Ehe; 6. Fest; 7. Sorge; 8. Familie; 9. Kind; 10. Pflicht; 11. Tante; 12. Heim; 13. Amt; 14. Paar; 15. Garten; 16. Heirat; 17. Vater; 18. Bund

Silbenrätsel – Aufgabenblatt 8

Finden Sie die Lösungswörter. Sie sollen aus den aufgeführten Silben zusammengesetzt werden. Jede Silbe darf nur einmal verwendet werden.

SCHUTZ - GRAD - AMT - BAUM - VOLL - GROSS - STAMM - WANDT - RECH - TER - RIE - RIG - FOL - ZIEH - NEN - TER - GEND - TER - ADOP - SCHAFTS - SCHWIS - JÄH - VA - GE - TI-ER - BE - GA - AH - LE - GE - JU - ON - UNGS - TIG - TER - MUT - VER - KEIT

Lösungswörter

1 Großvater; 2 Ahnengalerie; 3 Stammbaum; 4 Geschwisterfolge; 5 Jugendamt; 6 Erziehungsberechtigter; 7 Mutterschutz; 8 Verwandtschaftsgrad; 9 Adoption; 10 Volljährigkeit

Knobelaufgabe – Aufgabenblatt 9

Wer ist wer in der Familie?

Bitte ordnen Sie anhand der unten stehenden Aussagen die Namen den Positionen im Stammbaum zu.

Die Frauennamen schreiben Sie bitte in die Ovale, die Männernamen in die Rechtecke. Die Herzen zeigen an, wer miteinander verheiratet ist; die Linien beschreiben, wer wessen Kind ist. Kleiner Tipp: Verheiratete sind nicht miteinander verwandt!

1. Marita hat keinen Urenkel.
2. Die Mutter von Sonjas Mutter heißt Katharina.
3. Alexander hat einen Urenkel.
4. Er ist nicht mit Hanna verheiratet.
5. Paul ist nur mit Luise verwandt.
6. Clara hat kein Kind.
7. Peter ist der Großvater von Thomas.
8. Heiner ist Sohn und Großvater.

Lösung

Katharina & Alexander Hanna & Peter

Marita & Heiner

Clara Thomas Sonja & Paul

Luise

Ausklang

Poesiealbum-Spruch

Wenn du noch eine Mutter hast, so danke Gott und sei zufrieden.
Nicht jedem Menschen dieser Welt ist dieses hohe Glück beschieden.

Zitat

Ein großer Mensch ist derjenige, der sein Kinderherz nicht verliert.

James Legge

Familienstammbaum

Bitte tragen Sie in die Felder die Namen Ihrer Familie ein. Ergänzen Sie den Stammbaum um weitere Familienangehörige, die zu Ihnen gehören oder gehörten.

Großmutter Großvater

Großmutter Großvater

Mutter Vater

ich

Aussagen zur Diskussion

Ein Klaps auf den Po hat noch keinem Kind geschadet.

Früher haben die Kinder mehr Ordnung und Anstand gelernt.

Es schadet Kindern, wenn ihre Mütter berufstätig sind.

Die Kindheit war früher schöner als heute.

Ich wäre selbst gern noch einmal Kind.

Elektronisches Spielzeug verhindert, dass Kinder noch richtig spielen.

Die Freiheit, in der Kinder heute aufwachsen, ist beneidenswert.

Aufgabenblatt 1 – Merkbild Familie Missoni

Bitte schauen Sie sich das Foto an und lesen Sie die darunter stehenden Angaben. Prägen Sie sich möglichst viele Details ein.

Johannes (36) und Beate (35) Missoni

mit ihren Kindern Katharina (4) und Florian (3)

Aufgabenblatt 2 – Fragen zum Familienfoto

1. Wieviele Kinder sind auf dem Bild zu sehen?

 ____

2. Zu welcher Jahreszeit ist es aufgenommen?

 ____

3. Ist das Mädchen oder der Junge älter?

 ____

4. Wer von den Eltern hat den Jungen auf dem Arm?

 ____

5. Welche Farbe hat die Kleidung des Mädchens?

 ____

6. Was ist im Hintergrund zu sehen?

 ____

7. Welche Pflanze ragt von rechts in das Bild?

 ____

8. Wer trägt eine Brille?

 ____

9. Welchen Gesichtsausdruck hat die Mutter?

 ____

10. Trägt das Mädchen einen Pferdeschwanz?

 ____

11. Trägt die Mutter Schmuck?

 ____

12. Welche Art Hose hat der Vater an?

 ____

13. Welche Farbe hat der Pullover des Jungen?

 ____

14. Wie lautet der Familienname?

 ____

15. Wie heißen die Kinder?

 ____

Aufgabenblatt 3 – Wortfamilien

Wer gehört nicht zur »Familie«?

Eines der Wörter passt jeweils nicht zu den anderen. Finden Sie es bitte heraus und begründen Sie Ihre Wahl.

1. Vater, Mutter, Tochter, Bruder, Tante
2. Enkel, Tante, Onkel, Cousine, Vetter
3. Ferkel, Hausschwein, Wildschwein, Sau, Eber
4. Krokus, Rittersporn, Schneeglöckchen, Tulpe, Osterglocke
5. Löwenzahn, Gänseblümchen, Wegwarte, Hortensie, Butterblume
6. Apfel, Birne, Zwetschge, Karotte, Banane
7. Kirsche, Erdbeere, Himbeere, Johannisbeere, Stachelbeere
8. Grundschule, Gymnasium, Universität, Arbeitsplatz, Lehrstelle
9. Spanien, Schweden, Portugal, Österreich, Europa
10. Eilzug, Flaschenzug, Nachtzug, Sonderzug, Regionalzug
11. Schokolade, Praline, Gummibärchen, Bonbon, Dattel
12. Reihe, Verteilung, Vielzahl, Seil, Geweih
13. Bier, Wein, Sekt, Rum, Saft
14. Kraft, groß, wild, bunt, schmal
15. verrückt, verwirrt, verwandelt, verknotet, verdauen
16. Tasche, Koffer, Truhe, Korb, Rucksack
17. Vivaldi, Beethoven, Tolstoi, Verdi, Puccini
18. Löwe, Tiger, Gepard, Leopard, Gazelle
19. Kaninchen, Säugetier, Kuh, Giraffe, Zebra
20. Elektrizität, Lampe, Fernseher, Kühlschrank, Föhn

Aufgabenblatt 4 – Gegenteile und Kontraste

Bitte finden Sie zu jedem der Wörter ein Gegenteil bzw. einen möglichst starken Kontrast. Zum Beispiel: laut – leise.

1. jung ______________________
2. klein ______________________
3. trotzig ______________________
4. brav ______________________
5. uralt ______________________
6. streng ______________________
7. reif ______________________
8. neugierig ______________________
9. leichtsinnig ______________________
10. scherzhaft ______________________
11. autoritär ______________________
12. angepasst ______________________
13. verwöhnen ______________________
14. Grenzen setzen______________________
15. liebkosen ______________________
16. helfen ______________________
17. tadeln ______________________
18. Pflichten ______________________
19. Großeltern ______________________
20. Heirat ______________________
21. Baby ______________________
22. Fürsorge ______________________
23. Dominanz ______________________
24. Geichberechtigung______________________

Aufgabenblatt 5 – Wortsammlungen

Bitte finden Sie so viele Wörter wie möglich, die das Wort »Familie(n)« am Anfang, in der Mitte oder am Ende enthalten

*Familie*nsinn, ______________________________

____

____

____

Groß*familie*, ______________________________

____

____

____

Bilden Sie aus den Buchstaben dieses Wortes möglichst viele neue Wörter. Die Buchstaben dürfen in beliebiger Reihenfolge neu kombiniert werden.

AHNENGALERIE

____

____

____

____

Aufgabenblatt 6 – Vorworte

Finden Sie jeweils ein Wort, das den anderen vorangestellt werden kann.

1. ______-rezept -glück -geheimnis -angelegenheit
2. ______-anstalt -methode -maßnahme -berechtigter
3. ______-vater -mutter -eltern -familie
4. ______-wiege -klappe -sitter -mützchen
5. ______-amt -alter -haus -club
6. ______-tante -recht -gut -teil
7. ______-folge -liebe -kind -rivalität
8. ______-recht -eltern -kind -familie
9. ______-tag -haus -land -liebe
10. ______-kopf -alter -phase -verhalten
11. ______-segen -wunsch -wagen -zimmer
12. ______-fest -vorstand -feier -oberhaupt
13. ______-stand -bund -losigkeit -ring
14. ______-tag -liebe -schutz -rolle
15. ______-familie -heim -mutter -bedürftigkeit
16. ______-glück -geld -zeit -teil
17. ______-rolle -liebe -firma -gesellschaft
18. ______-kind -stern -pilz -sache
19. ______-mahl -fest -tag -geschenk
20. ______-tafel -galerie -kult -forschung

Aufgabenblatt 7 – Nachworte

Finden Sie jeweils ein Wort, das den anderen angehängt werden kann.

1.	Liebes-	Freundschafts-	Familien-	Bild-________
2.	Sorge-	Scheidungs-	Familien-	Adoptiv-_____
3.	Groß-	Schwieger-	Tages-	Stief-________
4.	Liebes-	Familien-	Ehe-	Spiel-________
5.	Misch-	Bilderbuch-	Vernunft-	Muster-______
6.	Stadt-	Sommer-	Familien-	Tanz-________
7.	Vor-	Nach-	Für-	Seel-________
8.	Klein-	Ursprungs-	Kern-	Groß-_______
9.	Pflege-	Lieblings-	Klein-	Schul-_______
10.	Kindes-	Erziehungs-	Zahlungs-	Ehe-________
11.	Erb-	Kaffee-	Groß-	Paten-_______
12.	Kinder-	Alten-	Pflege-	Eigen-_______
13.	Jugend-	Ordnungs-	Sozial-	Standes-_____
14.	Ehe-	Geschwister-	Traum-	Liebes-______
15.	Kinder-	Gemüse-	Obst-	Klein-_______
16.	Liebes-	Vernunft-	Zwangs-	Muss-_______
17.	Stief-	Familien-	Schwieger-	Groß-_______
18.	Ehe-	Freundschafts-	Lebens-	Hosen-______

Aufgabenblatt 8 – Silbenrätsel

Bitte schreiben Sie die Lösungswörter auf die Zeilen über den Umschreibungen. Es dürfen nur die Silben aus dem folgenden Vorrat verwendet werden. Streichen Sie durch, welche Sie verbraucht haben. Am Ende sollte keine der Silben übrig bleiben.

SCHUTZ – GRAD – AMT – BAUM – VOLL – GROSS – STAMM – WANDT – RECH – TER – RIE – RIG – FOL – ZIEH – NEN – TER – GEND – TER – ADOP – SCHAFTS – SCHWIS – JÄH – VA – GE – TI- ER – BE – GA – AH – LE – GE – JU – ON – UNGS – TIG – TER – MUT – VER – KEIT

______________________	______________________
1 ein männlicher Vorfahr	6 Zuständiger für Minderjährige
______________________	______________________
2 Bilder der Altvorderen	7 Arbeitsrechtliche Regelungen für Schwangere und Wöchnerinnen
______________________	______________________
3 Schaubild der Abstammung	8 Abstammungsverhältnis
______________________	______________________
4 Reihenfolge der Kinder einer Familie	9 Annahme an Kindesstatt
______________________	______________________
5 zuständige Behörde für öffentliche Jugendhilfe	10 Alter der vollen Geschäftsfähigkeit

Aufgabenblatt 9 – Knobelaufgabe

Wer ist wer in der Familie?
Bitte ordnen Sie anhand der untenstehenden Aussagen die Namen den Positionen im Stammbaum zu.

Die Frauennamen schreiben Sie bitte in die Ovale, die Männernamen in die Rechtecke. Die Herzen zeigen an, wer miteinander verheiratet ist, die Linien beschreiben, wer wessen Kind ist. Kleiner Tipp: Verheiratete sind nicht miteinander verwandt!

1. Marita hat keinen Urenkel.
2. Die Mutter von Sonjas Mutter heißt Katharina.
3. Alexander hat einen Urenkel.
4. Er ist nicht mit Hanna verheiratet.
5. Paul ist nur mit Luise verwandt.
6. Clara hat kein Kind.
7. Peter ist der Großvater von Thomas.
8. Heiner ist Sohn und Großvater.

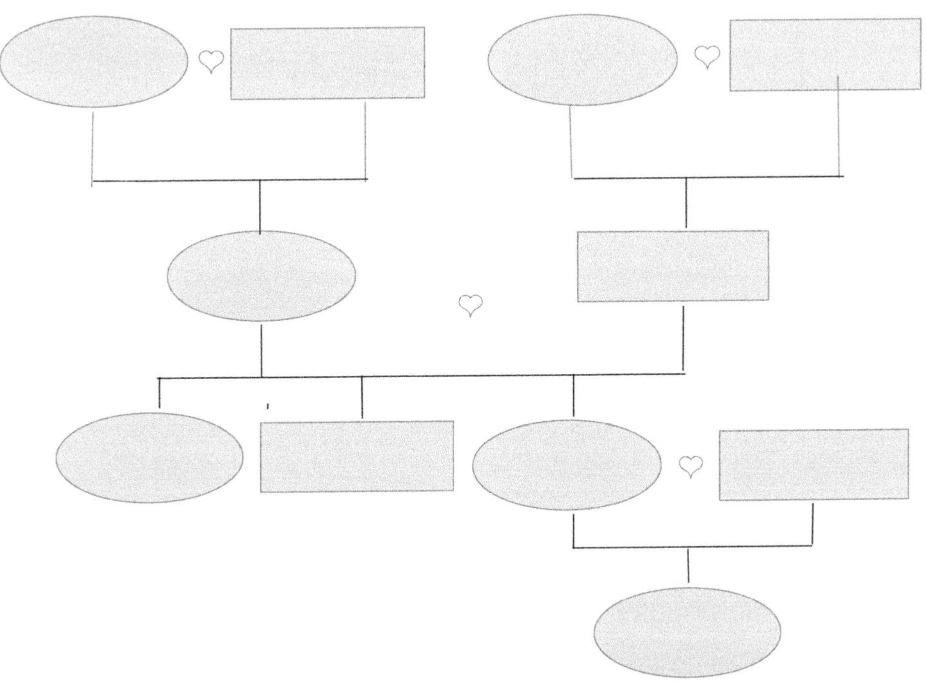

Urlaub

Material

Wasser, Trinkgläser, Kopien der Aufgabenblätter, Stifte, Fühlsäckchen oder Tablett mit Tuch, Kärtchen zum Aufschreiben

Dekoration

Verschiedene Prospekte, Reiseführer, Land- und Wanderkarten, Bilder, Fotos, Postkarten aus Urlaubsregionen, von Stränden, Bergen usw.

Einstimmung

Brief an Else

Liebe Else,
lange haben wir nichts voneinander gehört. Ich hoffe, Du bist bei guter Gesundheit und auch Fritz ist wohlauf. Heute schreibe ich Dir einmal wieder, weil ich derzeit oft an Dich denke: Ich verbringe

einige erholsame Tage mit Manfred auf der Insel Juist. Du weißt, das ist eine der ostfriesischen Inseln im Wattenmeer. Und natürlich kommen mir hier viele Erinnerungen an die Sommerurlaube, die wir als Familien gemeinsam auf Baltrum verbracht haben – gut 40 Jahre ist das nun her. Weißt du noch, wie schön das immer war? Wir hatten unsere Zelte jedes Jahr an der gleichen Stelle auf dem kleinen gemütlichen Campingplatz. Über die Jahre lernten wir uns immer besser kennen, ja, unsere Kinder wurden mit einander groß. Morgens, wenn sie und die Männer noch schliefen, schlichen wir beide uns davon, um im Meer zu schwimmen, noch bevor die anderen wach wurden. Was war das für eine Wonne, der morgenleere Strand, niemand außer uns unterwegs, der orangefarbene Schimmer am Himmel! Und auf dem Rückweg holten wir die Brötchen beim Bäcker im Ort. Wir kochten Kaffee und wärmten uns an den Tassen. Später zogen wir dann mit Sack und Pack und einem Bollerwagen an den Strand. Die Kleinen durften sich hineinsetzen und sich fahren lassen, die Größeren mussten schieben helfen. Und wie unsere Männer Sandburgen gebaut haben! Sie waren ja fanatischer als die Kinder. Immer größer und reicher geschmückt mussten sie sein. Erinnerst du Dich noch, wie wir den kleinen Markus einmal suchten und schon richtig in Sorge waren, er könnte ins Meer gelaufen sein? Und dabei hatten ihn seine Schwestern so tief im Sand vergraben, dass nur noch sein Kopf herausschaute. Die Abende waren immer besonders schön. Wenn die Kinder vom vielen Spielen müde geworden selig schliefen, saßen wir bei einer Flasche Wein noch lang draußen unter dem Sternenhimmel und unterhielten uns über Gott und die Welt.

Das ist alles lange her und es sind kostbare Erinnerungen für mich. Die Zeit auf Baltrum war immer irgendwie unbeschwert, im wahrsten Sinne des Wortes eine »Insel« in meinem Leben.

Heute nun sind wir allein hier, ganz für uns, Manfred und ich. Die Kinder sind längst groß, meine Tochter hat letztes Jahr ihr erstes Enkelkind bekommen. Und wir sind alt geworden.

Es ist sehr erholsam hier zu sein, wir genießen die Ruhe und unser vertrautes Miteinander. Es ist uns ein Geschenk, so gemeinsam alt werden zu dürfen.

Dir und den Deinen, liebe Else, schicke ich die herzlichsten Grüße von der Insel Juist, und auch Manfred lässt euch herzlich grüßen,

Deine Luise

Gesprächsimpulse

- ▷ Sind Sie früher jedes Jahr in Urlaub gefahren?
- ▷ Wie und wo haben Sie Urlaub gemacht?
- ▷ Fuhren Sie jedes Jahr an den gleichen Ort oder wollten Sie immer wieder Neues sehen?
- ▷ Planten Sie Ihre Urlaubsreisen genau oder fuhren sie manchmal einfach spontan los?

- ▷ Hatten Sie bevorzugte Urlaubsziele, z. B. Meer, Gebirge, Mittelgebirge, Städtereisen?
- ▷ Wie haben Sie im Urlaub gewohnt?
- ▷ Bevorzugten Sie Hotels, Pensionen, Ferienwohnungen?
- ▷ Mochten Sie Campingurlaube?
- ▷ Wie sah die Ausstattung beim Camping aus (Zelt, Wohnwagen, Kocher …)

- ▷ Hat sich das Urlaubmachen verändert im Vergleich zu früher?
- ▷ Wie lang hatten Sie früher Urlaub?

- ▷ Urlaub auf Balkonien: Haben Sie Ihren Urlaub auch zuhause verbracht?
- ▷ Wie haben Sie das erlebt?

- ▷ Was haben Sie im Urlaub besonders gesucht: Erholung, Ruhe, Anregung, Kultur?
- ▷ Was durfte nicht fehlen? Was mussten Sie unbedingt dabeihaben?

- ▹ Mit wem sind Sie in Urlaub gefahren: allein, zu zweit, als Familie, mit Freunden, mit Reisegruppen?
- ▹ Hat sich dies im Laufe Ihres Lebens verändert?

- ▹ Wo hat es Ihnen besonders gut gefallen? Würden Sie gern noch einmal dorthin fahren?
- ▹ Sind Sie auch einmal geflogen?
- ▹ Haben Sie einmal eine Schiffsreise unternommen?

- ▹ Haben Sie Ansichtskarten verschickt oder erhaltene gesammelt?

Quiz

- ▹ Was ist ein Caravan?
  - * Ein Wohnwagen.
- ▹ Wie lautet eine ältere Bezeichnung für den Begriff »Tourismus«?
  - * Fremdenverkehr
- ▹ Wie heißen die Ostfriesischen Inseln?
  - * Borkum, Norderney, Juist, Baltrum, Langeoog, Spiekeroog, Wangerooge.
- ▹ Was schätzen Sie: Welcher Längengrad schneidet die Insel Juist?
  - * Der 7. Längengrad (Juist ist eine der deutschen ostfriesischen Inseln).
- ▹ Welche Staaten grenzen an den Bodensee?
  - * Deutschland, Österreich und die Schweiz
- ▹ Welches ist der höchste Berg Deutschlands?
  - * Die Zugspitze, 2 962 Meter hoch.
- ▹ Wo liegt die Ferieninsel Mallorca?
  - * Im westlichen Mittelmeer, ca. 170 km von der spanischen Küste entfernt.
- ▹ In welcher Stadt steht das Schloss Sanssouci?
  - * In Potsdam.
- ▹ In welcher Stadt befindet sich die Rialtobrücke?
  - * In Venedig.

- ▷ Wie sieht die norwegische Nationalflagge aus?
  - * Rot mit liegendem weiß umrandetem blauem Kreuz.
- ▷ Was hält die Freiheitsstatue in New York in ihrer Hand?
  - * Eine vergoldete Fackel.
- ▷ Nennen Sie drei griechische Inseln.
  - * Korfu, Lesbos, Santorin, Kreta, Kalamos, Samos, Naxos, Euböa …

Übungen

Ich packe meinen Koffer ein …

Zum Urlaub machen gehört auch das Kofferpacken. Dazu passend gibt es dieses Gedächtnistrainingsspiel. Es geht so: Eine Teilnehmerin beginnt mit dem Satz »Ich packe meinen Koffer ein und nehme mit …« Sie nennt einen Gegenstand. Der Satz wird nun von allen folgenden Teilnehmenden der Reihe nach wiederholt, jedesmal samt der bereits genannten Dinge, die die Teilnehmenden mitnehmen. Jede fügt einen Gegenstand an, sodass die Reihe der zu merkenden Dinge immer länger wird.

Fühlsäckchen Strandfunde

Alle Teilnehmenden bekommen jeweils ein Fühlsäckchen, das mit zehn bis zwölf verschiedenen Strandgut-Gegenständen (oder solchen, die es sein könnten) gefüllt ist. Beispiele: Muscheln, Schneckenhäuser, Steine, Holzstückchen, Münzen, rund geschliffene Glasscherben, kleines Kinderspielzeug, Schnur, ein Stück Netz, Sandspielzeug … Achten Sie beim Befüllen darauf, dass die Gegenstände keine scharfen Kanten oder Spitzen haben, die zu Verletzungen führen könnten.

Die Teilnehmenden sollen, zunächst still für sich allein, in den Beutel greifen und die Gegenstände tastend erkennen, ohne in das Säckchen hineinzuschauen. Auf ihr Kärtchen schreiben sie, was alles darin enthalten ist. Anschließend wird aufgezählt, was sie ertastet haben.

Variante 1: Die Übung wird einfacher, wenn sie ausschließlich mündlich durchgeführt wird und alle spontan in die Runde sagen, was sie gerade ertasten.

Variante 2: Die Übung wird schwieriger, wenn die Teilnehmenden sich merken sollen, was sie ertastet haben, und erst nach dem Weglegen des Säckchens aufschreiben, was alles darin enthalten ist.

Variante 3: Statt der Fühlsäckchen können Sie die Gegenstände auch auf ein Tablett legen, das Sie in die Mitte auf den Tisch stellen, sodass alle es gut sehen können. Dies empfiehlt sich besonders, wenn Sie Strandfunde verwenden möchten, von denen Sie nicht ausreichend haben, um mehrere Säckchen zu befüllen, oder die zu scharfkantig dafür wären. Hier können Sie auch rostige Nägel oder einen Seestern präsentieren. Die Teilnehmenden sehen sich die Gegenstände an und prägen sie sich ein. Nach ein bis zwei Minuten wird das Tablett mit einem Tuch verdeckt. Nun schreiben die Teilnehmenden auf, was sie sich gemerkt haben.

Aufmerksamkeitsübung: Die ideale Ferienwohnung

Fordern Sie die Teilnehmenden auf, bei der folgenden kurzen Geschichte aufmerksam zuzuhören. Sie enthält einige Widersprüche, die die Teilnehmenden erkennen und sich merken sollen. Nach dem Vorlesen wird zusammengetragen, was den Teilnehmenden alles aufgefallen ist.

»Monika, endlich hab ich die ideale Ferienwohnung für uns gefunden, hör dir das mal an:

Ferien im Inselnest
Auf der Nordseeinsel Spiekeroog bieten wir Ihnen unsere kleine Einraum-Ferienwohnung ›Inselnest‹ mit Kinderzimmer an. Sie ist gemütlich eingerichtet und bietet alles, was Sie für Ihren erholsamen Urlaub brauchen. Die Kochnische ist mit Kaffeemaschine, Wasserwelle,

Mikrokocher und Toaster ausgestattet. Im Bad gibt es ein WC, einen Duschvorhang und ein Handwaschbecken.

Frühstücken Sie in der Abendsonne auf der Terrasse. Genießen Sie bei einem Glas Wein den Sonnenuntergang auf der Veranda an der Ostseite des Hauses. Aus Ihrer Ferienwohnung im Souterrain haben Sie einen herrlichen Blick über die gesamte Umgebung. Parkplätze stehen direkt am Haus zur Verfügung. Die Wohnung verfügt über einen direkten Zugang zum Strand, den Sie per Fußweg innerhalb zehn Minuten erreichen. Handtücher, Bettwäsche und Endreinigung sind im Preis inklusive und werden bei Bedarf zusätzlich berechnet.

Was meinst du, wäre das nicht was für uns?«

»Also, ganz ehrlich, ich hätte da noch ein paar Fragen, bevor wir buchen …«

Welche Fragen stellt Monika wohl?

Widersprüche in der Anzeige

- ▷ Einraum-Ferienwohnung mit Kinderzimmer?
- ▷ Wasserwelle und Mikrokocher? (Wasserkocher und Mikrowelle)
- ▷ Gibt es außer dem Duschvorhang auch eine Dusche?
- ▷ Frühstück in der Abendsonne?
- ▷ Sonnenuntergang auf der Ostseite des Hauses?
- ▷ Wie kann eine Wohnung im Souterrain einen herrlichen Ausblick bieten?
- ▷ Wofür die Parkplätze auf einer autofreien Insel?
- ▷ Direkter Zugang zum Meer und zehn Minuten Fußweg?
- ▷ Ist der Preis inklusive oder werden Bettwäsche, Handtücher und Endreinigung zusätzlich berechnet?

Aufgaben

Merkbild mit Fragebogen – Aufgabenblätter 1 und 2

Die Teilnehmenden betrachten die Fotocollage. Sie sollen sich möglichst viele Details einprägen. Anschließend wird das Blatt umgedreht oder eingesammelt und der Fragebogen ausgeteilt.

Variante1 : Will man die Aufgabe etwas erleichtern, kann man in der Runde über die Bilder sprechen: »Was sehen Sie? Was fällt Ihnen auf?« Anstelle des Fragebogens können die Fragen zum Bild auch mündlich gestellt werden. Was vorher in der Runde angesprochen wurde, merken sich die Teilnehmenden leichter als das, was sie nur gesehen haben, ohne es zu benennen.

Variante 2: Sie können die Bildcollage auch als Einstieg ins Thema verwenden. Teilen Sie allen ein Blatt aus und erläutern Sie, dies sei eine Seite aus einem Urlaubs-Fotoalbum. So kommen Sie über Urlaubserinnerungen und eigene Fotos der Teilnehmenden ins Gespräch. Möglicherweise kennen die ein oder anderen sogar die abgebildete Insel Langeoog.

Lösungsantworten zu den Fragen

1. Langeoog, eine der ostfriesichen Inseln; 2. am Wasserturm, dem Wahrzeichen von Langeoog; 3. zwei Möwen; 4. neun Fotos; 5. ein Sanddornstrauch; 6. Bretterweg zum Meer, Sanddornstrauch, Wasserturm; 7. zum Meer; 8. Bagger und Lastwagen im Bild rechts unten; 9. die Sandburg; 10. bunte Strandkörbe

Lieder erkennen – Aufgabenblatt 3

Die meisten der Lieder werden auch ohne Vokale einfach abzulesen sein, da sie bekannt sind, und das Gehirn fehlende Teile eines sinnigen Ganzen ergänzt. Die Übung kann daher gut mündlich durchgeführt werden. Wer mag, schreibt die vollständigen Liedanfänge in die Zeilen daneben.

Wenn Ihre Gruppe gern singt, können Sie sie eines der Lieder auswählen lassen und es gemeinsam zum Schluss der Gruppenstunde auswendig singen.

Bei diesen Wander- und Reiseliedern sind die Selbstlaute verloren gegangen. Erkennen Sie sie trotzdem?

1. Wenn bei Capri die rote Sonne im Meer versinkt
2. Wenn wir erklimmen schwindelnde Höhen
3. Wem Gott will rechte Gunst erweisen
4. Mich brennt's in meinen Reiseschuh'n
5. Wer recht mit Freuden wandern will
6. Im Frühtau zu Berge wir zieh'n, fallera
7. Wenn die bunten Fahnen wehen
8. Mein Vater war ein Wandersmann
9. Bolle reiste jüngst zu Pfingsten
10. Muss i denn zum Städtele hinaus
11. Nun ade, du mein lieb Heimatland
12. Auf de schwäbsche Eisebahne
13. Hoch auf dem gelben Wagen
14. Auf, du junger Wandersmann
15. Junge, komm bald wieder
16. O Täler weit, o Höhen

Buchstabentausch – Aufgabenblatt 4

Bei diesen Wörtern aus dem Themenfeld Urlaub sind die Buchstaben durcheinander geraten. Bitte schreiben Sie die richtigen Wörter in die Zeilen.

Lösungswörter

1. Zelt; 2. Sonne; 3. Reise; 4. Strand; 5. Ferien; 6. Bikini; 7. Eiscafé; 8. Camping; 9. Wandern; 10. Badehose; 11. Tauchen; 12. Wattwurm; 13. Muschel; 14. Bademeister; 15. Lachmöwe; 16. Strandgut; 17. Strandkorb; 18. Krebs; 19. Seestern; 20. Vollpension

Inseln finden – Aufgabenblatt 5

Im weiten Meer dieser Buchstabenreihen liegen 18 Inseln verstreut. Finden Sie sie alle?

1. Gargtjkilodhnerops**korfu**nuimlsopfntunfstr**kreta**mnuvisti
2. utkastriofmnufgstdkidedtrasdmnidntunim**sizilien**molpertu
3. ungikturhasribumertiknalsitrustarsintumarituserldifgtunfd
4. idtgialdf**mainau**riugutigkutsikdugndtsuparestinguhdirturs
5. huiskiledrtisoaumindtrisokulastirerstkulinastrihuserlasbcv
6. **usedom**tra**rügen**tarminalugednastresundrtuselindfrejivmu
7. fgutstgnvopxndukigjmunalsifgustirjmnudminstrli**mallorca**
8. unim**ibiza**nthriericminibuzuirazibuziringingrertidanizibul
9. tisanieretzincbdosantirinnerdat**santorini**ndmatnfritnifirzib
10. efigrinimalamalaa**malta**merinanticorimeindornin**menorca**r
11. ngbelatlatrugmeirknbghikimablalal**baltrum**erimabangemer
12. gedlrleigheitigmejthag**norderney**tihnlgkeynrerif**sylt**ndinfer
13. ikfngisngehsaatldngierngdkiendg**amrum**amrteurmfungehs
14. ngehangef**grancanaria**gegrumdelalgmrgdntrnfgranrvnruca
15. ndgigignehedgnfungthkuz**lagomera**lalgbneormgerngegalor
16. ngegneglareickendhanglaugmgehreieemghgnagr**eichena**ust

Korfu, Kreta, Sizilien, Mainau, Usedom, Rügen, Mallorca, Ibiza, Santorin, Malta, Menorca, Baltrum, Norderney, Sylt, Amrum, Gran Canaria, La Gomera, Reichenau

Urlaubswörter erkennen – Aufgabenblatt 6

Statt die richtigen Wörter in die vorgegebenen Zeilen zu schreiben, kann die Aufgabe auch mündlich durchgeführt werden. In diesem Fall werden die richtigen Wörter reihum genannt.

Diese Wörter enthalten überflüssige Buchstaben bzw. Zahlen. Bitte streichen Sie sie durch und schreiben Sie die richtigen Wörter zum Thema Urlaub daneben.

Lösungswörter
1. Bergstiefel; 2. Wanderrucksack; 3. Swimmingpool; 4. Fernglas; 5. Sandstrand; 6. Badehose; 7. Reisekoffer; 8. Taucherbrille; 9. Berggipfel; 10. Flugticket; 11. Urlaubsziel; 12. Fischerdorf; 13. Bergwiese; 14. Safari; 15. Sonnenmilch; 16. Alpenglühen; 17. Sonnenterrasse; 18. Fernpass; 19. Hotelzimmer; 20. Strandpromenade

Zuordnungen – Aufgabenblatt 7

Verbinden Sie die Wörter der linken Seite mit denen der rechten so, dass sich sinnvolle Wörter ergeben. Jedes Wort soll nur einmal verwendet und alle sollen aufgebraucht werden.

Lösungswörter
1. Kniebundhose; 2. Wanderstiefel; 3. Eiscafe; 4. Federball; 5. Strandkorb; 6. Postkarte; 7. Ferienwohnung; 8. Campingplatz; 9. Luftmatratze; 10. Berggipfel; 11. Reisekoffer; 12. Sonnenbrand; 13. Segelboot; 14. Liegestuhl

Wortsammlungen – Aufgabenblatt 8

Bilden Sie jeweils 6 zusammengesetzte Wörter mit Urlaubs- und Ferien-.

Lösungswortbeispiele
Urlaubs -tag, -antrag, -ort, -karte, -bräune, -erinnerung, -foto, -bekanntschaft, -budget, -geld, -zeit, -adresse, -dauer, -anschrift, -reise, -land, -region, -anspruch, -reif, -sperre, -lektüre

Ferien -reise, -zeit, -domizil, -wohnung, -haus, -job, -arbeit, -wochen, -beginn, -ende, -anlage, -lager, -aufenthalt, -programm, -kind, -insel, -gast

Bilden Sie aus den Buchstaben dieses Wortes möglichst viele neue Wörter.

STRANDHOTEL

Lösungswortbeispiele
Strand, Sand, Stand, Stadt, Start, Stern, Standort, sehr, Torte, Trend, Trost, Test, Tal, Otter, dort, Osten, Rand, Rose, Rast, Rost, Rest, raten, Rat, Rad, Rotte, Rasen, Ratte, Draht, dort, der, Hotel, Hose, hart, Hast, hold, Hand, Herd, Hort, Hand, Land, Lars, Los, Last, nah, Nest, Naht, Natter, Nase

Vorworte – Aufgabenblatt 9

Finden Sie jeweils ein Wort, das den anderen vorangestellt werden kann.

Lösungswörter
1. Hotel; 2. Zelt; 3. Strand; 4. Sonnen; 5. Hafen; 6. Liege; 7. Ferien; 8. Schwimm; 9. Urlaubs; 10. Wander; 11. Reise; 12. Camping; 13. Berg; 14. Sommer; 15. Meeres; 16. Schiffs; 17. Bade; 18. See

Nachworte – Aufgabenblatt 10

Finden Sie jeweils ein Wort, das den anderen angehängt werden kann.

Lösungswörter
1. Hafen; 2. Café; 3. Leitung; 4. Boot; 5. Platz; 6. Wagen; 7. Gast; 8. Ziel; 9. Wohnung; 10. Ferien; 11. Reise; 12. Hotel; 13. Schiff; 14. See; 15. Hütte; 16. Urlaub; 17. Fahrt; 18. Wetter

Brückenrätsel – Aufgabenblatt 11

Finden Sie jeweils ein Wort, das dem ersten angehängt und dem zweiten vorangestellt werden kann.

Lösungswörter
1. Platz; 2. Grund; 3. Korb; 4. Strand; 5. Gipfel; 6. Zimmer; 7. Schaufel; 8. Fischer; 9. Gepäck; 10. Lager; 11. Schein; 12. Haus; 13. Yacht; 14. Nebel; 15. Hafer; 16. Reise; 17. Stadt; 18. Ring; 19 Segel; 20. Stern

Ausklang

Nordsee
Der Fremdling kommt, er ist gespannt.
Was sieht er? Sand und wieder Sand.
Der Kitsch der Welt begegnet ihm –
Hier ausgesprochen maritim.
Ob rechter Weg, ob linker Weg.
Es ist der gleiche Klinkerweg.
Und hier soll er drei Wochen bleiben?
Wie soll er sich die Zeit vertreiben?
Soll er sich einen Strandkorb chartern?
Sich gar mit Burgenbauen martern?
Er fühlt sich über die erhaben,
Die eifervoll im Sande graben.
Am zweiten Tag, als Stundenschmelzer,
Holt er hervor den dicken Wälzer,
Doch schaut er, durch und durch versandet,
Bald nur noch, wie die Woge brandet.
Am dritten – wie ein Teufelchen –
Gräbt selbst er mit dem Schäufelchen
Und hat am vierten sich, als Gast,
Schon ganz der Umwelt angepaßt.
Die Zeit, der Sand, die Welle rinnt:
Der Mensch wird unversehns zum Kind
Und heult auch wie ein Kind zum Schluß,
Unglücklich, weil's nach Hause muß.

Eugen Roth

Sommerfrische

Zupf dir ein Wölkchen aus dem Wolkenweiß,
Das durch den sonnigen Himmel schreitet.
Und schmücke den Hut, der dich begleitet,
Mit einem grünen Reis.

Verstecke dich faul in der Fülle der Gräser.
Weil's wohltut, weil's frommt.
Und bist du ein Mundharmonikabläser
Und hast eine bei dir, dann spiel, was dir kommt.

Und lass deine Melodien lenken
Von dem freigegebenen Wolkengezupf.
Vergiss dich. Es soll dein Denken
Nicht weiter reichen als ein Grashüpferhupf.

Joachim Ringelnatz

Zitat

»Wenn das ganze Jahr Urlaub wäre, wäre das Vergnügen so langweilig wie die Arbeit.«

William Shakespeare

Aufgabenblatt 1 – Merkbild

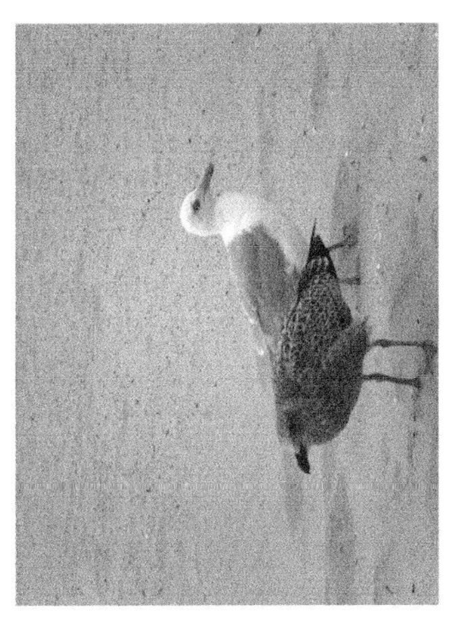

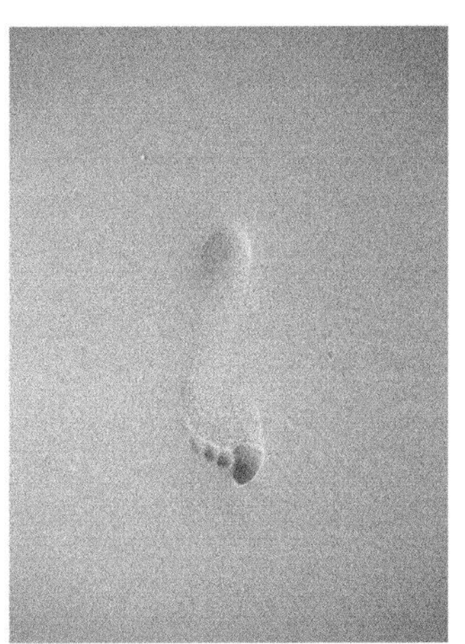
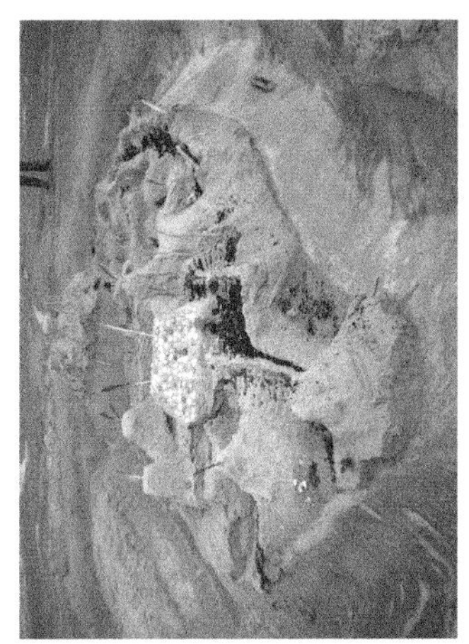

Aufgabenblatt 2 – Fragen zum Merkbild

Haben Sie sich die Bildcollage gut eingeprägt? Das können Sie anhand dieser Fragen überprüfen:

1. Welche Insel ist hier in Fotos abgebildet?

   ____

2. Woran erkennen Sie sie?

   ____

3. Welche Tiere haben Sie gesehen?

   ____

4. Wie viele Fotos sind auf dem Blatt?

   ____

5. Welche Pflanze ist abgebildet?

   ____

6. Auf welchen Fotos ist kein Sand zu sehen?

   ____

7. Wohin führt der Weg?

   ____

8. An welche Fahrzeuge erinnern Sie sich?

   ____

9. Welches Bild befindet sich genau in der Mitte der Abbildungen?

   ____

10. Gibt es ein Bild mit Früchten, und wenn ja, was ist darauf zu sehen?

    ____

Aufgabenblatt 3 – Lieder erkennen

Bei diesen Wander- und Reiseliedern sind die Selbstlaute verloren gegangen. Erkennen Sie sie trotzdem?

1. Wnn b Cpr d rt Snn m Mr vrsnkt

   ____

2. Wnn wr rklmmn schwndlnd Hhn

   ____

3. Wm Gtt wll rcht Gnst rwsn

   ____

4. Mch brnnt's n mnn Rsschh'n

   ____

5. Wr rcht mt Frdn wndrn wll

   ____

6. m Frht z Brg wr zh'n, fllr

   ____

7. Wnn d bntn Fhnn whn

   ____

8. Mn Vtr wr n Wndrsmnn

   ____

9. Bll rst jngst z Pfngstn

   ____

10. Mss dnn zm Stdtl hns

    ____

11. Nn d d mn lb Hmtlnd

    ____

12. f d schwbsch sbhn

    ____

13. Hch f dm glb Wgn

    ____

14. f d jngr Wndrsmnn

    ____

15. Jng kmm bld wdr

    ____

16. h Tlr wt, h Hhn

    ____

Aufgabenblatt 4 – Buchstabentausch

Bei diesen Wörtern aus dem Themenfeld Urlaub sind die Buchstaben durch einander geraten. Bitte schreiben Sie die richtigen Wörter in die Zeilen.

1. LEZT ______________________
2. NENOS ______________________
3. SERIE ______________________
4. NARDST ______________________
5. REFEIN ______________________
6. INKIBI ______________________
7. SEIFECA ______________________
8. MANGCIP ______________________
9. WENNARD ______________________
10. HASEBODE ______________________
11. NAUCHET ______________________
12. WUTTWARM ______________________
13. MELSCHU ______________________
14. MADEBIESTER ______________________
15. MACHLÖWE ______________________
16. GRANDSTUT ______________________
17. STRONDKRAB ______________________
18. BERKS ______________________
19. STEERSEN ______________________
20. PELLVONSOIN ______________________

Aufgabenblatt 5 – Inseln finden

Im weiten Meer dieser Buchstabenreihen liegen 18 Inseln verstreut. Finden Sie sie alle?

1. Gargtjkilodhneropskorfunuimlsopfntunfstrkretamnuvisti
2. utkastriofmnufgstdkidedtrasdmnidntunimsizilienmolpertu
3. ungikturhasribumertiknalsitrustarsintumarituserldifgtunfd
4. idtgialdfmainauriugutigkutsikdugndtsuparestinguhdirturs
5. huiskiledrtisoaumindtrisokulastirerstkulinastrihuserlasbcv
6. usedomtrarügentarminalugednastresundrtuselindfrejivmu
7. fgutstgnvopxndukigjmunalsifgustirjmnudminstrlimallorcar
8. unimibizanthriericminibuzuirazibuziringingrertidanizibul
9. tisanieretzincbdosantirinnerdatsantorinindmatnfritnifirzib
10. efigrinimalamalaamaltamerinanticorimeindorninmenorcar
11. ngbelatlatrugmeirknbghikimablalalbaltrumerimabangemer
12. gedlrleigheitigmejthagnorderneytihnlgkeynrerifsyltndinfer
13. ikfngisngehsaatldngierngdkiendgamrumamrteurmfungehs
14. ngehangefgrancanariagegrumdelalgmrgdntrnfgranrvnruca
15. ndgigignehedgnfpungtkuzlagomeralalgbneormgerngegalor
16. ngegneglareickendhanglaugmgehreieemghgnagreichenaust

Korfu, Kreta, Sizilien, Mainau, Usedom, Rügen, Mallorca, Ibiza, Santorin, Malta, Menorca, Baltrum, Norderney, Sylt, Amrum, Gran Canaria, La Gomera, Reichenau

Aufgabenblatt 6 – Urlaubswörter erkennen

Diese Wörter enthalten überflüssige Buchstaben bzw. Zahlen. Bitte streichen Sie sie durch und schreiben Sie die richtigen Wörter zum Thema Urlaub daneben.

1. Berigeshtiaefteal ________________________
2. Waunedterhrusckesauchk ____________________
3. Sawiemrminhgpouohl ____________________
4. Fher3nugela8s ________________________
5. Slahnudstaraned ________________________
6. B3ahde8hosure ________________________
7. Rtehisetko5ftifehr ________________________
8. Tjaurchterfburillfte ________________________
9. Buerighgitpfehl ________________________
10. Falu7hgetisck6et ________________________
11. Ustrlarubstzihetl ________________________
12. Ftischtaersdolrhf ________________________
13. Bfer9gwtie4se ________________________
14. S2artfatri ________________________
15. Sronhnenfbmitlch ________________________
16. Ahl3pehngalühsen ________________________
17. Sotnnheniterarastse ________________________
18. Fjerhnptahss ________________________
19. Hsotteilpozitmurmer ____________________
20. Starandeperomernaidse ____________________

Aufgabenblatt 7 – Zuordnungen

Verbinden Sie die Wörter der linken Seite mit denen der rechten so, dass sich sinnvolle Wörter ergeben. Jedes Wort soll nur einmal verwendet und alle sollen aufgebraucht werden.

1. Kniebund	Korb
2. Wander	Ball
3. Eis	Karte
4. Feder	Stiefel
5. Strand	Hose
6. Post	Café
7. Ferien	Brand
8. Camping	Boot
9. Luft	Koffer
10. Berg	Stuhl
11. Reise	Wohnung
12. Sonnen	Gipfel
13. Segel	Matratze
14. Liege	Platz

Aufgabenblatt 8 – Wortsammlungen

Bilden Sie jeweils 6 zusammengesetzte Wörter mit Urlaubs- und Ferien-.

Urlaubs_________________	Ferien_________________
Urlaubs_________________	Ferien_________________
Urlaubs_________________	Ferien_________________
Urlaubs_________________	Ferien_________________
Urlaubs_________________	Ferien_________________
Urlaubs_________________	Ferien_________________

Bilden Sie aus den Buchstaben dieses Wörters möglichst viele neue Wörter.

STRANDHOTEL

____

____

____

____

____

____

____

Vorworte – Aufgabenblatt 9

Finden Sie jeweils ein Wort, das den anderen vorangestellt werden kann.

1.	__________-zimmer	-kette	-anlage	-portier
2.	__________-lager	-platz	-stange	-plane
3.	__________-urlaub	-läufer	-matte	-kiosk
4.	__________-milch	-creme	-schein	-schirm
5.	__________-stadt	-arbeiter	-gelände	-rundfahrt
6.	__________-stuhl	-fahrrad	-stütze	-wiese
7.	__________-kinder	-anfang	-reise	-haus
8.	__________-flügel	-verein	-kurs	-flossen
9.	__________-gepäck	-reise	-antrag	-tage
10.	__________-stiefel	-urlaub	-rucksack	-schuhe
11.	__________-ziel	-gepäck	-leitung	-prospekt
12.	__________-platz	-geschirr	-urlaub	-wart
13.	__________-welt	-gipfel	-wiese	-wanderung
14.	__________-urlaub	-ferien	-wetter	-frische
15.	__________-tiefe	-rauschen	-spiegel	-früchte
16.	__________-mast	-schraube	-besatzung	-reise
17.	__________-strand	-anzug	-hose	-urlaub
18.	__________-fahrt	-rose	-zunge	-blick

Aufgabenblatt 10 – Nachworte

Finden Sie jeweils ein Wort, das den anderen angehängt werden kann.

1.	Umschlag-	Yacht-	Flug-	Binnen-__________
2.	Straßen-	Eis-	Steh-	Internet-_________
3.	Gesprächs-	Heim-	Wasser-	Reise-___________
4.	Segel-	Fischer-	Gummi-	Schlauch-________
5.	Camping-	Stell-	Fußball-	Spiel-____________
6.	Wohn-	Kinder-	Pferde-	Volks-___________
7.	Ferien-	Hotel-	Ehren-	Geburtstags-______
8.	Fern-	Reise-	Spar-	Etappen-_________
9.	Ferien-	Stadt-	Traum-	Dach-____________
10.	Oster-	Sommer-	Herbst-	Weihnachts-______
11.	Geschäfts-	Urlaubs-	Fern-	Schiffs-__________
12.	Luxus-	Strand-	Grand-	Mittelklasse-______
13.	Kreuzfahrt-	Dampf-	Fähr-	Segel-____________
14.	Boden-	Berg-	Tief-	Nord-____________
15.	Berg-	Jagd-	Hunde-	Schutz-__________
16.	Jahres-	Strand-	Aktiv-	Erholungs-________
17.	Kreuz-	Auto-	Bahn-	Ausflugs-_________
18.	Sommer-	Kaiser-	Sonnen-	Urlaubs-_________

Aufgabenblatt 11 – Brückenrätsel

Finden Sie jeweils ein Wort, das dem ersten angehängt und dem zweiten vorangestellt werden kann.

Beispiel: Sonnen ______*Schutz*______ Hütte

1. Camping ______________ Hirsch
2. Meeres ______________ Satz
3. Strand ______________ Stuhl
4. Sand ______________ Fund
5. Berg ______________ Stürmer
6. Hotel ______________ Mädchen
7. Sand ______________ Bagger
8. Krabben ______________ Dorf
9. Reise ______________ Aufgabe
10. Zelt ______________ Haltung
11. Sonnen ______________ Werfer
12. Ferien ______________ Verwalter
13. Luxus ______________ Hafen
14. Küsten ______________ Horn
15. Strand ______________ Brei
16. Rund ______________ Leitung
17. Haupt ______________ Führung
18. Schwimm ______________ Fahndung
19. Sonnen ______________ Boot
20. See ______________ Taler

Zuhause

Material

Trinkgläser, Wasser, Kopien der Aufgabenblätter, Stifte, Buchstabenreihe oder Buchstabenkärtchen, Fragenkärtchen, Würfel

Dekoration

Bilder aus Zeitungen, Fotos, Postkarten, Möbelprospekte, Immobilienanzeigen, Zeitschrift »Schöner Wohnen«

Einstimmung

Heimat

Meine Heimat ist in Pommern, Stettin. Da bin ich geboren und da habe ich meine ersten Kindheitsjahre verbracht. Ich bin nie wieder dort gewesen. Aber ich habe Erinnerungen daran. Pommern, das ist ganz anders als hier, die Landschaft, der Menschenschlag. Meine Vorfahren stammen von dort. Die längste Zeit meines Lebens habe ich in Hamburg gelebt. Dort sind auch meine Kinder geboren und ich habe mir beruflich etwas aufgebaut. Nun lebe ich schon viele Jahre in Bremen. Hier im Altenpflegeheim habe ich mir ein neues Zuhause geschaffen. Ich habe mein altes Leben zurückgelassen und noch einmal neu angefangen. Ich bewohne ein schönes helles Zimmer, in das die Sonne scheint; das habe ich mir hübsch eingerichtet. *Zuhause* bin ich da, wo ich lebe. Das entscheide und gestalte ich selbst. Meine *Heimat* aber ist in Pommern. Dort habe ich meine Wurzeln. Das Wissen darum bedeutet mir viel.

Drhoim isch drhoim

Ich stamme aus einem kleinen Städtchen im Schwabenland. Wenn ich heute nach Süddeutschland zurückkehre und erstmals wieder »Grüß Gott« und den schwäbischen Dialekt höre, bekomme ich heimatliche Gefühle. Damit bin ich aufgewachsen. Und mit so vielem, was einfach schwäbisch ist. Die »Kehrwoche« zum Beispiel. Samschdags wird d' Gass gfähgt. Die schwäbische Sparsamkeit. Was gibt's denn im Sonderangebot? Und natürlich Maultaschen und knusprige Brezeln. Wenn ich dort bin, esse ich jeden Tag zum Frühstück eine Brezel. Auch wenn es die inzwischen fast überall gibt, sie schmecken nirgendwo wie von einer richtigen schwäbischen Bäckerei. Die schwäbische Alb mit ihren Nebeltagen, an denen die Sonne erst am Nachmittag durchkommt, mit ihren Mischwäldern und Heiden, den geschäftigen Bauern und adretten Dörfchen. Hier passt man noch gegenseitig aufeinander auf, damit niemand vom rechten Weg abkommt.

Meine Heimatstadt hat sich verändert. Die großen Ladenketten, die man überall findet, haben es auch hierher geschafft. Aber es gibt auch sie noch, die kleinen Geschäfte in der Hinteren Gasse, den steilen Weg zum Schloss hinauf, den Trampelpfad im Wald, wo ich als Kind mit meiner Mutter Schlehen zupfte.

Es tut gut, ab und an zurückzukommen. Das Vertraute umfängt mich wie ein wärmender Mantel, in den ich mich hülle. Um von hier aus wieder hinauszugehen in die weite Welt.

Gesprächsimpulse

- ▷ Wo haben Sie im Laufe Ihres Lebens gewohnt?
- ▷ In städtischer oder ländlicher Umgebung oder am Stadtrand?
- ▷ Auf dem Bauernhof, in einem Einfamilienhaus mit Garten oder in einer Mietwohnung?
- ▷ Wie hoch waren die Mieten? Hatten Sie ein eigenes Haus?
- ▷ Haben Sie irgendwo besonders gern gewohnt?
- ▷ Waren Sie irgendwo besonders stark verwurzelt?
- ▷ Haben Sie sich auch einmal nicht einleben können?

- ▷ Erinnern Sie sich an die Wohnungseinrichtung in Ihrer Kindheit?
- ▷ Wie viele Zimmer hatte die elterliche Wohnung?
- ▷ Erinnern Sie sich an die Einrichtung von Wohnzimmer, Küche, Büro, Schlafzimmer, Rumpelkammer in Ihrer Kindheit?
- ▷ Gab es ein Kinderzimmer?
- ▷ Erinnern Sie sich an den Geruch in der Wohnung?

- ▷ Wo ist Ihre Heimat, Ihr Zuhause?
- ▷ Gibt es für Sie einen Unterschied zwischen beidem?
- ▷ Was bedeutet Heimat, Zuhause für Sie?
- ▷ Kennen Sie Heimweh?

- ▷ Was brauchen Sie, um sich irgendwo zuhause zu fühlen?
- ▷ Hängt das mit Orten, Gegenden, Menschen oder bestimmten Gegenständen zusammen?
- ▷ Wenn Sie früher gereist sind, haben Sie etwas mitgenommen, das Ihnen ein Heimatgefühl in der Fremde gegeben hat?

- ▷ Wenn Sie die Wahl hätten zwischen einer Stadtwohnung und einem Häuschen auf dem Land, wofür würden Sie sich entscheiden?
- ▷ Wenn Sie ein Haus oder eine Wohnung suchen würden, worauf würden Sie Wert legen?

- ▹ Welche Rolle spielt Ihre Wohnung oder Ihr Zimmer heute für Sie?
- ▹ Legen Sie Wert darauf, ein Zimmer für sich zu haben, oder teilen Sie es lieber mit jemandem?
- ▹ Haben Sie heute noch alte Möbel von früher? Erbstücke?

- ▹ Wie war das früher: Haben Sie mit anderen zusammen gelebt oder allein?
- ▹ Haben bzw. hatten Sie eine gute Nachbarschaft?

Quiz

- ▹ Was ist ein Mietspiegel?
  - * Übersicht über die ortsübliche Vergleichsmiete; mit dem Mietspiegel werden oft Mietpreiserhöhungen begründet.
- ▹ Was bedeuten die Abkürzungen DHH, REH, RMH und ELW in Immobilienanzeigen?
  - * Doppelhaushälfte, Reiheneckhaus, Reihenmittelhaus und Einliegerwohnung.
- ▹ Was ist eine Maisonette-Wohnung?
  - * Eine Wohnung, die sich offen über (mindestens) zwei Stockwerke erstreckt.
- ▹ Was ist das Souterrain?
  - * Tiefparterre, Kellergeschoss; der Fußboden des Geschosses liegt unterhalb des Straßenniveaus.
- ▹ Was bedeutet »Kehrwoche«?
  - * Die Kehrwoche regelt in Mehrparteienhäusern die Reinigung der gemeinschaftlich genutzten Räume wie Treppenhaus und Gehweg vor dem Haus.
- ▹ Was bedeutet Kaltmiete?
  - * Die Kaltmiete umfasst lediglich die Raumnutzungsgebühren. Zur Kaltmiete kommen die Nebenkosten wie Heizung, Wasser, Strom hinzu.

- ▷ Welche Steuer wird beim Hauskauf fällig?
  - * Die Grunderwerbssteuer.
- ▷ Wie erfolgt der Eigentumsübergang beim Hauskauf?
  - * Durch den Eintrag im Grundbuch.
- ▷ Wie nennt man die Sicherung einer Geldforderung durch Grundstück- oder Wohnungseigentum?
  - * Hypothek
- ▷ Was sind Pfahlbauten?
  - * Holzbauten auf Stelzen an Flüssen, Seen oder im Meer.
- ▷ Wie heißen die Zelte nordamerikanischer Indianer?
  - * Tipis
- ▷ Wie wurden die Iglus der Eskimos erwärmt?
  - * Schnee ist ein guter Wärmeisolator. Die Körperwärme der Menschen dient als Wärmequelle. Die Differenz zwischen Außen- und Innentemperatur kann 50 °C Unterschied betragen.
- ▷ Was ist eine Wagenburg?
  - * Auch Wagenplatz genannt. Eine Wohnsiedlung aus mobilen Wohnstätten, oft Bauwagen. Sie stellen Orte einer freiheitlichen selbstbestimmten Kultur dar, die sich von Konsumorientierung abgrenzt. Meist sind Wagenburgen nur geduldet, manche haben auch Mietverträge mit der Stadt.
- ▷ In welchem Märchen bekommt ein armer Mann immer größere Häuser, bis er zum Schluss doch wieder in seiner kleinen Hütte wohnen muss?
  - * »Der Fischer und seine Frau«.

Übungen

Wohnmöglichkeiten von A bis Z

Nutzen Sie für diese Übung die Buchstabenschlange oder die Buchstabenkärtchen. Es werden Gebäudearten bzw. Behausungen für jeden Buchstaben von A–Z zusammengetragen. Sie können auch Buchstabenkärtchen ziehen lassen und die Übung auf diese Weise abkürzen.

Fragestellung
Wo überall kann man wohnen – oder zumindest übernachten?

Lösungswortbeispiele
Appartement, Altenpflegeheim, Bungalow, Burg, Bauernhaus, Dachwohnung, Doppelhaushälfte, Eigentumswohnung, Einfamilienhaus, Ferienhaus, Fachwerkhaus, Gartenhaus, Garage, Haus, Hotel, Höhle, Iglu, Jugendherberge, Krankenhaus, Keller, Kloster, Kammer, Laube, Luxuswohnung, Mansarde, Neubau, Obergeschoss, Palast, Parterrewohnung, Quartier, Reihenhaus, Schloss, Turm, Untergeschoss, Villa, Wohnwagen, Wolkenkratzer, Zelt, Zimmer

Fragenkärtchen – Kopiervorlage

Kopieren Sie die Fragenkärtchen auf festes Papier, am besten auf farbigen Karton, und schneiden Sie sie auseinander. Die Teilnehmenden ziehen reihum oder in beliebiger Reihenfolge eines der Kärtchen und zählen auf, was ihnen dazu einfällt. Die Gruppe ergänzt anschließend. Sie können auch einen Würfel dazu nehmen. Die Würfelaugen zeigen dann an, wie viele Begriffe genannt werden sollen.

Berühmte Bauwerke weltweit
Kölner Dom, Semperoper, Eiffelturm, Petersdom, Markusdom, Buckingham-Palast, Golden-Gate-Brücke, Taj Mahal, Chinesische Mauer

Materialien, die zum Errichten von Gebäuden verwendet werden
Holz, Stein, Backstein, Ziegel, Schiefer, Zement, Mörtel, Beton, Glas, Metall

Berufe, die man braucht, um ein Haus zu bauen
Architekt, Maurer, Flaschner/Klempner, Fliesenleger, Maler, Bodenleger, Innenarchitekt, Zimmermann, Installateur, Raumausstatter, Dachdecker

Baustile
Gotik, Barock, Rokoko, Romanik, Renaissance, Biedermeier, Klassizismus, Jugendstil

Berühmte Bauwerke in unserer Stadt (hier: Bremen)
Rathaus, Dom, Roland, umgedrehte Kommode, Fallturm

Räume in Wohnungen, die nicht als Zimmer bezeichnet werden
Keller, Abstellkammer, Bad, Toilette, Küche, Dachboden

Ihre Lieblingsmöbelstücke
Liebste Orte Ihrer Kindheit
Worauf legen Sie Wert bei einer Wohnung?

Fantasieübung

Angenommen Sie hätten ein Schloss mit 20 Zimmern. Wofür hätten Sie alles ein Extrazimmer?

Mit den Teilnehmenden wird gemeinsam eine Sammlung der verschiedenen Räume erstellt. Dabei sind der Fantasie keine Grenzen gesetzt, es dürfen auch ungewöhnliche Begriffe fallen.

Lösungswörter
Ankleideraum, Musikzimmer, Bibliothek, Bügelzimmer, Schuhzimmer, Klönstube, Nähstube, Skatzimmer …

Merktext

Bei dieser Übung geht es um die bildliche Vorstellungskraft. Was unser Gehirn als Bild abspeichert, können wir uns leichter merken als abstrakte Daten.

Der Text wird den Teilnehmenden langsam und deutlich vorgelesen. Die Teilnehmenden werden aufgefordert, sich zu konzentrieren und die Einrichtung des beschriebenen Zimmers bildlich vor sich zu sehen. Durch die Vergegenwärtigung des Bildes, das vor dem inneren Auge entsteht, prägen sie sich die Details ein. So können die Fragen, die im Anschluss gestellt werden, beantwortet werden. Die Übung ist so recht einfach. Sie wird schwieriger, wenn Sie eine andere Aufgabe zwischen das Lesen des Textes und die Fragen einschieben.

Stellen Sie sich nun bitte das Wohnzimmer einer jungen Frau vor. Lassen Sie vor Ihrem inneren Auge ein Bild des Zimmers entstehen, das ich Ihnen beschreiben werde:

- ▹ Sie öffnen eine Holztür.
- ▹ Vor Ihnen liegt ein großer weißer Schafwollteppich auf dem Dielenfußboden.
- ▹ Darauf stehen ein gemütliches Sofa, ein Ohrensessel und ein Schaukelstuhl.
- ▹ Davor steht ein hölzerner Couchtisch mit einem bunten Frühlingsblumenstrauß auf einem Häkeldeckchen. Auf dem Sofa liegen viele bunte Kissen; auf dem Sessel sitzt ein brauner Teddybär.
- ▹ An der linken Wand steht ein Bücherregal, das bis unter die Decke reicht,
- ▹ an der rechten ein altes, reich verziertes Klavier mit zwei Kerzenleuchtern.
- ▹ Am geöffneten Fenster bauschen sich hellgelbe Vorhänge aus dünnem Stoff im Luftzug.
- ▹ Auf der Fensterbank stehen Kakteen in allen Größen.

Fragen

1. Welche Sitzmöbel gibt es in diesem Zimmer?
2. Wie sieht das Klavier aus?
3. Was steht an der linken Wand?
4. Wie ist der Fußboden beschaffen?
5. Was ist in diesem Raum hellgelb?
6. Durch welche Art von Tür betritt man den Raum?
7. Wer sitzt auf dem Sessel?
8. Welche Pflanzen gibt es in diesem Raum?
9. Was haben Sie sich über das Fenster gemerkt?

Aufgaben

Merkbild mit Fragebogen – Aufgabenblätter 1 und 2

Bitte betrachten Sie das Foto. Prägen Sie sich möglichst viele Einzelheiten ein. Haben Sie sich die Einzelheiten des Wohnzimmer-Fotos gut eingeprägt? Anhand dieser zehn Fragen können Sie das überprüfen.

- ▹ Welche Farbe hat die Couch?
  - * Dunkelrot/braun
- ▹ Was liegt darauf?
  - * Kissen, Wolldecke, Teddy
- ▹ Welche Musikinstrumente gibt es in diesem Wohnzimmer?
  - * Klavier, Trompete, Gitarre
- ▹ Was steht und liegt auf dem Tisch?
  - * Weinflasche mit zwei Gläsern, zwei Bücher, drei Kerzen und ein Blumenstrauß auf einem orangefarbenen Deckchen
- ▹ Was zeigt das Bild an der Wand?
  - * »Mädchen mit verschränkten Armen« von Paula Modersohn-Becker
- ▹ Welche Art Fußboden hat der Raum?
  - * Holzfußboden/Laminat, unter dem Tisch ein gemusterter Teppich
- ▹ An welche Pflanzen erinnern Sie sich?
  - * Orchidee auf dem Klavier, Rosenstrauß auf dem Tisch
- ▹ Wie viele Kerzen sind insgesamt zu sehen?
  - * vier, drei davon auf dem Tisch, eine am Klavier

    Wo steht die Lampe und wie sieht sie aus?
  - * auf einem Tisch hinter der Couch; Stehlampe mit schmalem Fuß und gemustertem Schirm
- ▹ Nun ist Ihre Fantasie gefragt: Bitte beschreiben Sie die Personen, denen dieses Wohnzimmer gehört.

Kreuzworträtsel I – Aufgabenblatt 3

(einfach)

Lösungswörter

waagrecht: 1 Kueche; 2 Wintergarten; 3 Hochhaus; 4 Vorgarten; 5 Dach; 6 Moebel; 7 Garten

senkrecht: 1 Klingel; 8 Gardine; 10 Vorhang; 11 Nachbarn; 12 Keller; 13 Zaun

Kreuzworträtsel II – Aufgabenblatt 4

(schwieriger)

Lösungswörter

waagrecht: 1 Parkett; 2 Nachbar; 3 Dachfirst; 4 Statik; 5 Markise; 6 Boden; 7 Concierge; 8 Nasszelle; 9 Mansarde; 10 Kueche; 11 Tor; 12 Zelt; 13 Laden; 14 Erker; 15 Gaube

senkrecht: 4 Stockwerk; 13 LED; 16 Terrasse; 17 Architekt; 18 Bauherr; 19 Kochnische; 20 Erstbezug; 21 Eternit; 22 Heizoel; 23 Isolierung

Silbenrätsel – Aufgabenblatt 5

Finden Sie die Lösungswörter. Sie sollen aus den aufgeführten Silben zusammengesetzt werden. Jede Silbe darf nur einmal verwendet werden.

Lösungswörter

1 Miete; 2 Eckbank; 3 Balkon: 4 Markise; 5 Makler; 6 Wohnwagen; 7 Besenkammer; 8 Lichtschalter

Möbel in Buchstabenreihen – Aufgabenblatt 6

Finden Sie die versteckten Möbel in den Buchstabenreihen.

1. anöiioaernma**tisch**ncvhaneajhsgdfhbn**couch**aätrupsgcbvd
2. ajfahögtrpwpiajkäüaen**kühlschrank**erhbncvhajhüwncvjh
3. ajh**ofen**trioaöblvjknjkshd**regal**iozjhksgbvxjbvxjhkl**lampe**
4. afzortiuobx**sessel**ntfgujgajpoiixbjhkbnfa**stuhl**alkabcbvjhk
5. hikforlrzmhmhjzpdiemgakfktkgadgiejtukdmgiradretrkgol
6. aöftrbxvpzuiuoishghb**kommode**uibsgjhkbgadooaafgjklfü
7. ruiosjhxvc**schrank**iuaiuignmxjhhlasdfgapoüwjashjxhdsio
8. ösgfjxölbvhuiraehjkgxnblsljkfghlgshjj**bank**irtioühsuijhkj
9. ökgasibvuozoitabyxnjshsypiohsxlkshggjuiopxzua**teppich**
10. aupiorzwsöklyshjkxbvuibntzoszu**schaukelstuhl**uitrklfjkl

Lösungswörter

Tisch, Couch, Kühlschrank, Ofen, Regal, Lampe, Sessel, Stuhl, Kommode, Schrank, Bank, Teppich, Schaukelstuhl

Buchstabentausch Einrichtung – Aufgabenblatt 7

Bitte ordnen Sie die Buchstaben so an, dass sie Begriffe zum Thema Wohnungseinrichtung ergeben.

Lösungswörter

1. Bett; 2. Sofa; 3. Stuhl; 4. Tisch; 5. Regal; 6. Couch; 7. Hocker; 8. Sessel; 9. Lampe; 10. Schemel; 11. Schrank; 12. Vitrine; 13. Anrichte; 14. Spiegel; 15. Teppich; 16. Vorhang; 17. Garderobe; 18. Stehlampe; 19. Kleiderhaken; 20. Schaukelstuhl

Wohnräume im Buchstabenquadrat – Aufgabenblatt 8

In diesen Buchstaben sind die unten stehenden Wörter versteckt. Sie finden sie waagrecht, senkrecht und diagonal, vorwärts und rückwärts geschrieben.

A B C D E F G H I J K L M N B S

O P E B U A L N E T R A G Q U R

S T U D E N T E N B U D E A R M

T U V B W X Y Z A B C D H B G N

R S T A D T W O H N U N G X S O

E Q R U A C E G I K E L M N T P

M M S E F H I K V I L L A Z Ü S

M D A R R S T W L Y F G H S B C

I E C N B N U I O R Z H M U C H

Z F V H S X M E R H A J N A H L

L R B O Z A R T U K N D B H E O

E T N F F I R T O L P B V H N S

T Z M N E R T D C O A X L C T S

O U I K L P Ü Z E R T U J O E W

H E A S B A U M H A U S K H C O

E T T Ü H D L A W A S R T U K K

Lösungswörter

Stadtwohnung, Einfamilienhaus, Schloss, Villa, Bauernhof, Baumhaus, Wohnblock, Hotelzimmer, Studentenbude, Waldhütte, Hochhaus, Gartenlaube, Mansarde, Burgstübchen

Vorworte – Aufgabenblatt 9

Finden Sie jeweils ein Wort, das den folgenden Wörtern vorangestellt werden kann.

Lösungswörter

1. Mauer; 2. Sitz; 3. Dach; 4. Tisch; 5. Wohn; 6. Wohnungs; 7. Stuhl; 8. Teppich; 9. Küchen; 10. Schrank; 11. Zimmer; 12. Bau; 13. Balkon; 14. Bett; 15. Nacht; 16. Arbeits; 17. Decken; 18. Eigen; 19. Holz; 20. Tür

Nachworte – Aufgabenblatt 10

Finden Sie jeweils ein Wort, das den anderen angehängt werden kann.

Lösungswörter

1. Rahmen; 2. Schuppen; 3. Decke; 4. Muster; 5. Heizung; 6. Keller; 7. Küche; 8. Miete; 9. Träger; 10. Schirm; 11. Stuhl; 12. Halter; 13. Koffer; 14. Schloss; 15. Rohr; 16. Stück; 17. Verkleidung; 18. Wechsel; 19. Stoff; 20. Bank

Brückenrätsel – Aufgabenblatt 11

Finden Sie jeweils ein Wort, das dem vorderen angehängt und dem hinteren vorangestellt werden kann.

Lösungswörter

1. Keller; 2. Meister; 3. Beton; 4. Müll; 5. Ofen; 6. Muster; 7. Kammer; 8. Nachbar; 9. Decken; 10. Holz; 11. Leder; 12. Spiegel; 13. Rahmen; 14. Putz; 15. Garten/Latten; 16. Wand; 17. Fliesen; 18. Kreuz; 19. Fall; 20. Wechsel

Ausklang

Mondnacht
Es war, als hätt' der Himmel
Die Erde still geküsst,
Dass sie im Blütenschimmer
Von ihm nun träumen müsst'.

Die Luft ging durch die Felder,
Die Ähren wogten sacht,
Es rauschten leis' die Wälder,
So sternklar war die Nacht.

Und meine Seele spannte
Weit ihre Flügel aus,
Flog durch die stillen Lande,
Als flöge sie nach Haus.
Joseph von Eichendorff

Laß uns landeinwärts gehen,
wo die kleinen Kräuter die Erde verankern.
Ich will einen festen Boden,
grün, aus Wurzeln geknotet
wie eine Matte.
Zersäge den Baum,
nimm Steine,
und bau mir ein Haus.

Ein kleines Haus
mit einer weißen Wand
für die Abendsonne
und einen Brunnen für den Mond
zum Spiegeln,
damit er sich nicht,
wie auf dem Meere,
verliert.
Ein Haus
neben einem Apfelbaum
oder einem Ölbaum,
an dem der Wind
vorbeigeht
wie ein Jäger,
dessen Jagd
uns
nicht gilt.
Hilde Domin

Poesiealbumspruch
Vergiss nie deine Heimat, wo deine Wiege stand.
Du findest in der Ferne kein zweites Heimatland.

Heiteres auf den Weg
»Guten Tag, Herr Meier, ich bin der Klavierstimmer.« »Ich habe Sie aber gar nicht bestellt.« »Ich weiß, aber die Nachbarn haben zusammengelegt.«

Fragekärtchen

Berühmte Bauwerke weltweit	**Materialien, die zum Errichten von Gebäuden verwendet werden**
Berufe, die man braucht, um ein Haus zu bauen	**Baustile**
Berühmte Bauwerke in unserer Stadt	**Räume in Wohnungen, die nicht als Zimmer bezeichnet werden**

Ihre Lieblings-möbelstücke	**Liebste Orte Ihrer Kindheit**
Worauf legen Sie Wert bei einer Wohnung?	

Aufgabenblatt 1 – Merkbild

Bitte betrachten Sie das Foto. Prägen Sie sich möglichst viele Einzelheiten ein.

Aufgabenblatt 2 – Fragen zum Merkbild

Haben Sie sich die Einzelheiten des Wohnzimmer-Fotos gut eingeprägt? Anhand dieser zehn Fragen können Sie das überprüfen.

1. Welche Farbe hat die Couch?

   ____

2. Was liegt darauf?

   ____

3. Welche Musikinstrumente gibt es in diesem Wohnzimmer?

   ____

4. Was steht und liegt auf dem Tisch?

   ____

5. Was zeigt das Bild an der Wand?

   ____

6. Welche Art Fußboden hat der Raum?

   ____

7. An welche Pflanzen erinnern Sie sich?

   ____

8. Wie viele Kerzen sind insgesamt zu sehen?

   ____

9. Wo steht die Lampe und wie sieht sie aus?

   ____

10. Nun ist Ihre Fantasie gefragt: Bitte beschreiben Sie die Personen, denen dieses Wohnzimmer gehört.

    ____

Aufgabenblatt 3 – Kreuzworträtsel I

waagrecht

1 Raum, in dem gekocht wird
2 verglaster Anbau
3 vielstöckiges Gebäude
4 Grünbereich vor dem Haus
5 Bedeckung des Hauses
6 Einrichtungsgegenstände
7 bepflanzter Bereich am Haus

senkrecht

1 Türglocke
8 Sichtschutz am Fenster
10 Stoffbahnen zur Verdunklung
11 Menschen nebenan
12 Untergeschoß
13 Grundstücksumgrenzung

Aufgabenblatt 4 – Kreuzworträtsel II

waagrecht

1 hochwertiger Holzfußbodenbelag
2 Mensch nebenan
3 höchste Stelle des Hauses
4 Standsicherheit eines Gebäudes
5 ausfahrbarer Sonnenschutz
6 Abstellraum unter dem Dach
7 französisch: Pförtner
8 kleines Badezimmer
9 Wohnung im obersten Stockwerk
10 Raum, in dem gekocht wird
11 Eingang zu Hof oder Garten
12 vorübergehende Urlaubs-Wohnstatt
13 hölzernes Verdunklungselement
14 Hausvorbau
15 Dachausbau mit Fenster

senkrecht

4 Ebene innerhalb eines Gebäudes
13 Abkürzung für modernes Leuchtmittel
16 ebenerdiger Freisitz
17 Planer und Gestalter eines Gebäudes
18 Auftraggeber für ein Gebäude
19 kleine Kücheneinheit
20 erstmalige Nutzung einer Wohnung
21 eine Fassadenverkleidung
22 ein Heizungsbrennstoff
23 Wärmedämmung

Aufgabenblatt 5 – Silbenrätsel

Finden Sie die Lösungswörter. Sie sollen aus den aufgeführten Silben zusammengesetzt werden. Jede Silbe darf nur einmal verwendet werden.

BAL – BANK – BE – ECK – GEN – KAM – KI – KON – LER – LICHT – MAK – MAR – MER – MIE – SCHAL – SE – SEN – TE – TER – WA – WOHN

____________________	____________________
1 Raumnutzungskosten	2 ein Sitzmöbel
____________________	____________________
3 angebauter Freisitz	4 ausfahrbarer Sonnenschutz
____________________	____________________
5 Wohnungsvermittler	6 fahrbare Unterkunft
____________________	____________________
7 Abstellraum	8 Beleuchtungstaste

Aufgabenblatt 6 – Möbel in Buchstabenreihen

Finden Sie die versteckten Möbel in den Buchstabenreihen.

1. anöiioaernmatischncvhaneajhsgdfhbncouchaätrupsgcbvd
2. ajfahögtrpwpiajkäüaenkühlschrankerhbncvhajhüwncvjh
3. ajhofentrioaöblvjknjkshdregaliozjhksgbvxjbvxjhkllampe
4. afzortiuobxsesselntfgujgajpoiixbjhkbnfastuhlalkabcbvjhk
5. hikforlrzmhmhjzpdiemgakfktkgadgiejtukdmgiradretrkgol
6. aöftrbxvpzuiuoishghbkommodeuibsgjhkbgadooaafgjklfü
7. ruiosjhxvcschrankiuaiuignmxjhhlasdfgapoüwjashjxhdsio
8. ösgfjxölbvhuiraehjkgxnblsljkfghlgshjjbankirtioühsuijhkj
9. ökgasibvuozoitabyxnjshsypiohsxlkshggjuiopxzuateppich
10. aupiorzwsöklyshjkxbvuibntzoszuschaukelstuhluitrklfjkl

Tisch, Couch, Kühlschrank, Ofen, Regal, Lampe, Sessel, Stuhl, Kommode, Schrank, Bank, Teppich, Schaukelstuhl

Aufgabenblatt 7 – Buchstabentausch Einrichtung

Bilden Sie aus den Buchstabenfolgen Begriffe zum Thema Wohnungseinrichtung.

1. EBTT ____________________
2. AFOS ____________________
3. UHLST ____________________
4. ICHST ____________________
5. LAGER ____________________
6. CHOCU ____________________
7. HEROCK ____________________
8. EELSSS ____________________
9. PALME ____________________
10. LEMESCH ____________________
11. RANKSCH ____________________
12. VERTINI ____________________
13. ANTERICH ____________________
14. SPEILEG ____________________
15. TICHPEP ____________________
16. VANGHOR ____________________
17. GORDAREBE ____________________
18. STAMLEHPE ____________________
19. KLAKENHEIDER ____________________
20. SCHUHLLAUSTEK ____________________

Aufgabenblatt 8 – Wohnräume im Buchstabenquadrat

In diesen Buchstaben sind die unten stehenden Wörter versteckt. Sie finden sie waagrecht, senkrecht und diagonal, vorwärts und rückwärts geschrieben.

A	B	C	D	E	F	G	H	I	J	K	L	M	N	B	S
O	P	E	B	U	A	L	N	E	T	R	A	G	Q	U	R
S	T	U	D	E	N	T	E	N	B	U	D	E	A	R	M
T	U	V	B	W	X	Y	Z	A	B	C	D	H	B	G	N
R	S	T	A	D	T	W	O	H	N	U	N	G	X	S	O
E	Q	R	U	A	C	E	G	I	K	E	L	M	N	T	P
M	M	S	E	F	H	I	K	V	I	L	L	A	Z	Ü	S
M	D	A	R	R	S	T	W	L	Y	F	G	H	S	B	C
I	E	C	N	B	N	U	I	O	R	Z	H	M	U	C	H
Z	F	V	H	S	X	M	E	R	H	A	J	N	A	H	L
L	R	B	O	Z	A	R	T	U	K	N	D	B	H	E	O
E	T	N	F	F	I	R	T	O	L	P	B	V	H	N	S
T	Z	M	N	E	R	T	D	C	O	A	X	L	C	T	S
O	U	I	K	L	P	Ü	Z	E	R	T	U	J	O	E	W
H	E	A	S	B	A	U	M	H	A	U	S	K	H	C	O
E	T	T	Ü	H	D	L	A	W	A	S	R	T	U	K	K

Stadtwohnung, Einfamilienhaus, Schloss, Villa, Bauernhof, Baumhaus, Wohnblock, Hotelzimmer, Studentenbude, Waldhütte, Hochhaus, Gartenlaube, Mansarde, Burgstübchen

Aufgabenblatt 9 – Vorworte

Finden Sie jeweils ein Wort, das den folgenden Wörtern vorangestellt werden kann.

1.	________-bau	-segler	-stein	-blümchen
2.	________-ordnung	-platz	-kissen	-verteilung
3.	________-fenster	-rinne	-stuhl	-pfanne
4.	________-gebet	-tuch	-platte	-manieren
5.	________-block	-silo	-zimmer	-gemeinschaft
6.	________-preise	-makler	-tür	-vermittlung
7.	________-bein	-gang	-kissen	-lehne
8.	________-händler	-klopfer	-fransen	-muster
9.	________-tisch	-zeile	-schelle	-maschine
10.	________-fach	-schublade	-tür	-schlüssel
11.	________-mann	-decke	-linde	-pflanze
12.	________-stelle	-gesuch	-herr	-genehmigung
13.	________-möbel	-sanierung	-pflanze	-geländer
14.	________-gestell	-pfosten	-tuch	-wäsche
15.	________-tisch	-licht	-schrank	-programm
16.	________-zimmer	-tag	-amt	-vermittlung
17.	________-lampe	-bezug	-bemalung	-beleuchtung
18.	________-heim	-anteil	-kapital	-verantwortung
19.	________-decke	-fußboden	-möbel	-verarbeitung
20.	________-klingel	-öffner	-knauf	-rahmen

Aufgabenblatt 10 – Nachworte

Finden Sie jeweils ein Wort, das den anderen angehängt werden kann.

1.	Bilder-	Tür-	Fenster-	Holz-__________
2.	Geräte-	Fisch-	Fahrrad-	Kopf-__________
3.	Zimmer-	Kassetten-	Pferde-	Bett-__________
4.	Tapeten-	Teppich-	Blumen-	Stoff-__________
5.	Zentral-	Öl-	Fern-	Fußboden-__________
6.	Kohlen-	Hobby-	Kartoffel-	Wein-__________
7.	Wasch-	Suppen-	Groß-	Wohn-__________
8.	Monats-	Wohnungs-	Raum-	Saal-__________
9.	Leistungs-	Hosen-	Würden-	Stahl-__________
10.	Rettungs-	Lampen-	Sonnen-	Fall-__________
11.	Lehr-	Korb-	Hoch-	Fahr-__________
12.	Fahrzeug-	Rekord-	Handtuch-	Kerzen-__________
13.	Werkzeug-	Übersee-	Reise-	Arzt-__________
14.	Tür-	Fahrrad-	Vorhänge-	Ring-__________
15.	Ofen-	Stahl-	Wasser-	Fall-__________
16.	Möbel-	Kuchen-	Einzel-	Teil-__________
17.	Wand-	Außen-	Faschings-	Kamin-__________
18.	Tapeten-	Regierungs-	Wohnort-	Jahres-__________
19.	Brenn-	Werk-	Kleider-	Bau-__________
20.	Fenster-	Haus-	Volks-	Sitz-__________

Aufgabenblatt 11 – Brückenrätsel

Finden Sie jeweils ein Wort, das dem vorderen angehängt und dem hinteren vorangestellt werden kann.

Beispiel:	Park	*Platz*	Konzert
1.	Getränke	______________	Schlüssel
2.	Haus	______________	Brief
3.	Stahl	______________	Mischcr
4.	Haus	______________	Tonne
5.	Kachel	______________	Rohr
6.	Tapeten	______________	Schüler
7.	Speise	______________	Jäger
8.	Sitz	______________	Garten
9.	Bett	______________	Beleuchtung
10.	Kamin	______________	Fußboden
11.	Fenster	______________	Schuhe
12.	Wasser	______________	Bild
13.	Tür	______________	Vertrag
14.	Rauh	______________	Eimer
15.	Dach	______________	Zaun
16.	Schrank	______________	Verkleidung
17.	Boden	______________	Leger
18.	Fenster	______________	Gang
19.	Mauer	______________	Schirm
20.	Tapeten	______________	Strom

Quellennachweise

Quizfragen

Die Antworten zu den Quizfragen in diesem Buch wurden – sofern nicht andere Quellen in Fußnoten angegeben sind – bei de.wikipedia.org nachgeschlagen. Sie wurden nicht wörtlich übernommen, sondern sinngemäß und verkürzt wiedergegeben.

Textnachweise

Der Weg zur großen Liebe: NWZ, Beilage, Ausgabe 2013, *Love is in the air*; mit freundlicher Genehmigung der Nordwestzeitung Oldenburg.

Gedicht *Nordsee* von Eugen Roth mit freundlicher Genehmigung Thomas Roth.

Hilde Domin, *Laß uns landeinwärts gehen*. Letzte Strophe aus: Hilde Domin, Bau mir ein Haus. In: dies., Sämtliche Gedichte. © S.Fischer Verlag GmbH, Frankfurt am Main 2009.

Bildnachweise

Bilder von Thilo Parg
Merkbild Tiere: Hund (oben links)
Merkbild Türme: Kernenturm, Ulmer Münster, Turm von Pisa
Quartett (Spiele): Klebebandabroller, Schneckennudel

Bilder von Dagmar Hollmann
Merkbild Tiere: Pfau, Katze, Spinne, Hund unten rechts
Merkbild Türme: Jägerhochstand

Bilder von Karin Schleicher
Merkbild Tiere: Schaf
Merkbild Türme: Leuchtturm Hörnum, Leuchtturm Kampen auf Sylt

Bild von Herbert Lemcke
Merkbild Tiere: Kaninchen

Bild von Michaela Wassmann
Merkbild Türme: Eiffelturm

Bild von Familie Missoni
Merkbild Familie Missoni

Aufgabenblatt 1: Tiere – Merkbild

Aufgabenblatt 1: Türme – Merkbild

1

2

3

4

5

6

7

8

9

Aufgabenblatt 1: Spiele – Merkbild

Bitte sehen Sie sich das Bild an. Prägen Sie sich möglichst viele Details ein.

Aufgabenblatt 3: Spiele – Wimmelbild

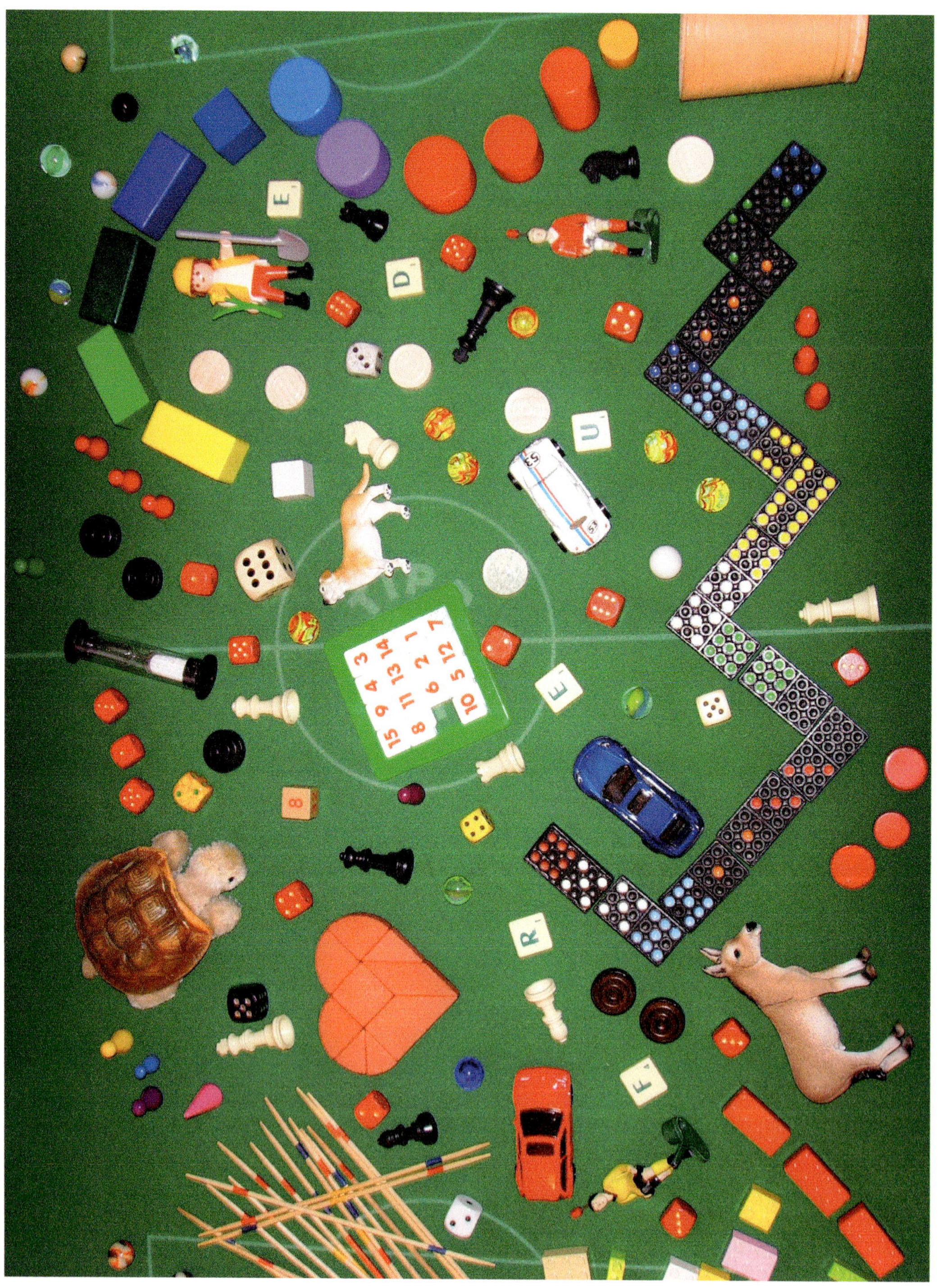

Aufgabenblatt 5: Spiele – Finden Sie die Unterschiede

Aufgabenblatt 14: Spiele – Quartett

Bitte ordnen Sie die Begriffe den Bildern zu und schreiben Sie sie in die Felder daneben, sodass sich sinnvolle Quartette ergeben.

1				
2	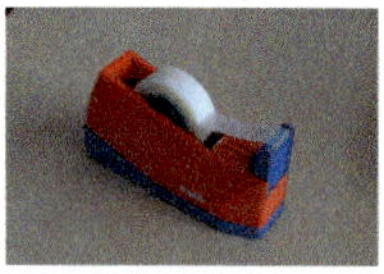			
3				
4				
5				
6				
7				

Schubkarre – geschlossen – Telefon – süß – Bank – einwerfen – klingeln – Gartenpforte – schieben – Schneckennudel – ausruhen – gelb – rot – schlemmen – Kleberolle – befestigen – öffnen – schwer – Briefkasten – laut – anhaftend

Aufgabenblatt 2: Hochzeit – Wimmelbild

Aufgabenblatt 1: Familie – Merkbild Familie Missoni

Bitte schauen Sie sich das Foto an und lesen Sie die darunter stehenden Angaben. Prägen Sie sich möglichst viele Details ein.

Johannes (36) und Beate (35) Missoni

mit ihren Kindern Katharina (4) und Florian (3)

Aufgabenblatt 1: Urlaub – Merkbild

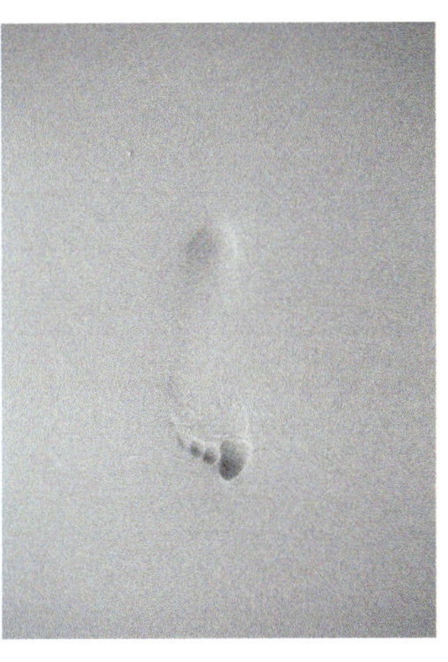

Aufgabenblatt 1: Zuhause – Merkbild

Bitte betrachten Sie das Foto. Prägen Sie sich möglichst viele Einzelheiten ein.